Der reichste Mann von Babylon

George S. Clason

Inhalt

Der reichste Mann von Babylon

Vorwort

Unser Wohlstand als Nation hängt von unserem finanziellen Wohlstand als Einzelpersonen ab. Das vorliegende Buch handelt von den persönlichen Erfolgen jedes einzelnen von uns. Erfolg bedeutet das Erreichen bestimmter Ziele als Ergebnis unserer Anstrengungen und Fähigkeiten. Eine gründliche Vorbereitung ist der Schlüssel zu unserem Erfolg. Unsere Handlungen können nicht mehr Klugheit beweisen als unsere Gedanken. Und unser Denken kann nicht klüger sein als unser Verstand.

Das vorliegende Buch, das Wege aufzeigt, eine leere Geldbörse zu füllen, wurde als Ratgeber zum Verständnis finanzieller Zusammenhänge bezeichnet. Und genau das ist seine Absicht: Es will jenen, die nach finanziellem Erfolg streben, Einsichten vermitteln, die ihnen beim Erwerb von Geld, beim Sparen und bei der Vermehrung von Überschüssen hilfreich sein werden.

Auf den folgenden Seiten werden wir zurück nach Babylon geführt, der Wiege jener finanziellen Grundprinzipien, die heute allgemein anerkannt sind und auf der ganzen Welt angewandt werden.

Der Autor wünscht neuen Lesern, daß dieses Buch sie in gleicher Weise zur Erhöhung ihres Kontostands, zu größeren finanziellen Erfolgen und zur Lösung schwieriger persönlicher Geldprobleme anregen möge wie die früheren Leser, bei denen es begeisterte Aufnahme fand.

Der Verfasser möchte bei dieser Gelegenheit auch den Unternehmern und Geschäftsführern seinen Dank aussprechen, die diese Geschichten so großzügig an Freunde, Verwandte, Angestellte und Geschäftspartner verteilt haben. Keine Bestätigung könnte ermutigender sein als die der Männer der Praxis, die die Lehren des vorliegenden Buches schätzen, da sie selbst durch Anwendung der hier dargebotenen Grundregeln beachtliche Erfolge erzielt haben.

Babylon wurde zur wohlhabendsten Stadt des Altertums, weil seine Bewohner den Wert des Geldes schätzten und solide wirtschaftliche Grundregeln bei der Schaffung von Vermögen, beim Sparen und bei der Anlage zur weiteren Geldvermehrung befolgten. Sie verschafften sich das, was wir uns alle wünschen ... Einkommen für die Zukunft – und wurden so zu den reichsten Menschen ihrer Zeit.

G. S. C.

Der Mann,
der von Gold träumte

Geld ist das Maß, an dem sich der Erfolg auf Erden bemißt.

*

Geld ermöglicht den Genuß der schönsten Dinge des Lebens.

*

Jene Menschen wurden reich, die die einfachen Grundregeln seines Erwerbs begriffen haben.

*

Geld gehorcht noch heute den gleichen Gesetzen wie vor sechstausend Jahren, als sich wohlhabende Männer in den Straßen Babylons drängten.

Bansir, der Wagenbauer von Babylon, war völlig entmutigt. Von seinem Platz auf der niedrigen Mauer, die sein Grundstück umgab, blickte er trübsinnig auf sein einfaches Heim und die offene Werkstatt, in der ein halbfertiger Wagen stand.

Von Zeit zu Zeit erschien seine Frau in der offenen Tür. Sie warf ihm verstohlene Blicke zu, was ihn gemahnte, daß er sich, zumal sein Vesperbeutel fast leer war, wieder an die Arbeit begeben und den Wagen behämmern, behauen, polieren, bemalen und das Leder über dem Radkranz straff ziehen sollte, damit er endlich fertig wurde und die Bezahlung von seinem reichen Kunden einfordern konnte.

Trotzdem blieb er, ein beleibter, muskulöser Mann, griesgrämig auf der Mauer sitzen. Sein träger Verstand kämpfte mit einem Problem, für das er keine Lösung fand. Die heiße, für das Tal des Euphrat typische Sonne brannte erbarmungslos auf ihn nieder. Schweißperlen bildeten sich auf seiner Stirn und rollten langsam über sein Gesicht und seinen Hals, bis sie schließlich im Gestrüpp seiner haarigen Brust versickerten. Hinter seinem Haus erhoben sich die hohen Mauern, die den Königspalast einfriedeten, und ganz in der Nähe befand sich der bemalte Turm des Tempels von Bel, dessen Spitze in den blauen Himmel emporragte. Im Schatten solcher Pracht lag sein bescheidenes

11

Heim sowie eine Menge weiterer Häuser, die aber keineswegs so hübsch und so gepflegt waren wie seines. Auch die Stadt Babylon symbolisierte diesen Kontrast – eine Mischung aus Pracht und Verwahrlosung, sagenhaftem Reichtum und tiefster Armut, die sich ohne Plan oder System innerhalb der Stadtmauern vereinigten.

Hätte er den Kopf gewandt, wären ihm hinter der Mauer die lärmenden Wagen der Reichen ins Auge gefallen, denen die mit Sandalen bekleideten Händler und die barfüßigen Bettler ausweichen mußten. Sogar die Reichen waren gezwungen, in die Gosse zu treten, um den Weg für die langen Reihen von Wasserträgern frei zu machen, die im Auftrag des Königs schwere, mit Wasser gefüllte Behälter aus Ziegenfell schleppten, die für die Bewässerung der Hängenden Gärten bestimmt waren.

Bansir war zu vertieft in seine eigenen Probleme, als daß er die lärmende Geschäftigkeit der pulsierenden Stadt wahrgenommen hätte. Erst der unvermittelte, schrille Ton einer ihm vertrauten Leier riß ihn aus seinen Grübeleien. Er wandte sich um und blickte in das lächelnde Gesicht von Kobbi, dem Musikanten, seinem besten Freund.

»Mögen die Götter dich mit großer Freigebigkeit segnen, lieber Freund«, begrüßte ihn Kobbi mit blumigen Worten. »Doch anscheinend haben sie dir bereits ihre Großzügigkeit zuteil werden lassen, weil du nicht mehr zu arbeiten brauchst. Ich freue mich mit dir über dein Glück, ja, ich würde es gern mit dir teilen. Bitte, entnimm deiner Geldbörse, die ja prall gefüllt sein muß, da du andernfalls in deiner Werkstatt schuften würdest, zwei bescheidene Schekel, und leih sie mir bis nach dem Fest der Edlen heute abend. Du bekommst sie so schnell wieder, daß du gar nicht merkst, daß du sie mir geliehen hast.«

»Selbst wenn ich zwei Schekel hätte«, erwiderte Bansir düster, »könnte ich sie niemandem leihen – nicht einmal dir, meinem besten Freund, denn sie wären mein ganzes Hab und Gut, alles, was ich besäße. Niemand leiht sein gesamtes Vermögen aus, nicht einmal seinem besten Freund.«

»Wie«, rief Kobbi ehrlich überrascht, »du hast keinen halben Schekel in deiner Börse und sitzt trotzdem wie eine Statue auf der Mauer? Warum um Himmels willen machst du diesen Wagen nicht fertig? Und wie nur willst du deinen nicht gerade mäßigen Appetit stillen? Das sieht dir gar nicht ähnlich, mein Freund. Wo ist deine unerschöpfliche Energie geblieben? Quält dich etwas? Haben dir die Götter Sorgen bereitet?«

»Ja, es ist vermutlich eine Prüfung der Götter«, pflichtete ihm Bansir bei. »Alles begann mit einem Traum, einem sinnlosen Traum, in dem ich ein wohlhabender Mann war. An meinem Gürtel baumelte eine hübsche Börse voll klingender Münzen. Sie enthielt viele Schekel, die ich freigebig an die Bettler verteilte; Silberstücke, mit denen ich meiner Eheliebsten schöne Kleider kaufte und auch mir allerlei Wünsche erfüllte; Goldstücke, die meine Zukunft sicherten und mir erlaubten, die Silberstücke nach Belieben auszugeben. Ich fühlte mich rundherum zufrieden. Du hättest deinen hart arbeitenden Freund nicht wiedererkannt, ebensowenig seine Gemahlin, deren Gesicht ohne Falten war und die vor Glück strahlte. Sie war wieder so fröhlich wie in unseren Flitterwochen.«

»Ein schöner Traum«, meinte Kobbi, »aber warum verwandeln dich solch angenehme Gefühle in eine verdrossene Statue auf der Mauer?«

»Nun, warum wohl? Als ich erwachte und mir bewußt wurde, wie leer meine Geldbörse war, erfaßte mich tiefe Empörung. Wir müssen unbedingt darüber reden, denn, wie die Seeleute zu sagen pflegen: Wir sitzen im selben Boot. Als junge Burschen suchten wir die Priester auf, damit sie uns Weisheit vermittelten. Als junge Männer teilten wir unsere Vergnügungen, und auch noch als erwachsene Männer sind wir enge Freunde. Wir waren es zufrieden, viele Stunden zu arbeiten und die Früchte unserer Arbeit mit vollen Händen auszugeben. In den vergangenen Jahren haben wir nicht gerade wenig verdient, doch von den Freuden, die Reichtum beschert, können wir nur träumen. Bah! Sind wir besser als dumme Schafe? Und dabei leben wir in der reichsten Stadt auf Erden! Die Reisenden sagen, keine Stadt der Welt könne es ihr gleichtun. Wir sind umgeben von Reichtum, haben aber nichts davon. Nach einem Leben harter Arbeit hast du, mein bester Freund, eine leere Geldbörse und fragst mich: Kann ich mir bei dir zwei bescheidene Schekel bis nach dem Fest der Edlen heute abend borgen? Und was antworte ich darauf? Sage ich: Da hast du meine Börse, was mein ist, ist auch dein? Nein, ich gestehe dir, daß meine Börse genauso leer ist wie deine. Was ist los? Warum können wir nicht Silber und Gold erwerben, das für Nahrung und Kleidung mehr als ausreicht?«

»Denk auch an unsere Söhne«, fuhr Bansir fort, »treten sie nicht in die Fußstapfen ihrer Väter? Müssen nicht auch sie und ihre Familien und ihre Söhne und die Familien ihrer Söhne ihr Leben lang inmitten von Reichtum leben, wie wir, und sich mit saurer Ziegenmilch und Haferbrei begnügen?«

»In all den Jahren unserer Freundschaft hast du noch nie solche Worte gesprochen, Bansir«, bemerkte Kobbi verblüfft.

»In all den Jahren habe ich auch noch nie solche Überlegungen angestellt. Vom Morgengrauen bis in die Nacht hinein habe ich mich abgeplagt, die schönsten Wagen zu bauen, und hoffte insgeheim, daß die Götter eines Tages meine höchst ehrenwerte Arbeit würdigen und mich mit großem Wohlstand belohnen würden. Aber das haben sie nicht getan, und wie ich endlich erkannt habe, werden sie es auch nie tun. Deshalb ist mir das Herz schwer, denn ich will ein bemittelter Mann sein, will eigenes Land und Vieh besitzen, schöne Kleider und eine volle Geldbörse. Ich will gern hart dafür arbeiten, meine ganze Handfertigkeit dafür einsetzen, meine Schläue, aber dafür sollen meine Mühen auch ehrlich belohnt werden. Was ist los mit uns, frage ich dich. Warum können wir nicht auch unseren gerechten Anteil an den schönen Dingen haben, die denen, die genug Gold besitzen, in so reichem Maße zuteil werden?«

»Wenn ich nur darauf eine Antwort wüßte!« erwiderte Kobbi. »Ich bin nicht weniger unzufrieden als du. Das, was ich mit meiner Leier verdiene, ist schnell aufgebraucht. Oft muß ich alle Kniffe anwenden, um meine Familie über die Runden zu bringen. Tief in meinem Innern sehne ich mich nach einem Instrument, das groß genug ist, die Melodien, die mir durch den Kopf gehen, wirklich gut

15

wiederzugeben. Damit könnte ich eine Musik machen, die schöner wäre als alles, was der König je gehört hat.«

»Du solltest unbedingt ein solches Instrument besitzen, denn kein Mann in ganz Babylon könnte es süßer zum Klingen bringen. Du würdest ihm solch liebliche Töne entlocken, daß selbst die Götter erfreut wären. Aber wie soll das geschehen, wenn wir beide so arm wie die Sklaven des Königs sind? Hörst du die Glocke? Dort kommen sie!« Er deutete auf die Reihen halbnackter, schweißtriefender Wasserträger, die sich mühsam den schmalen Flußweg entlangschleppten. Die Sklaven gingen zu fünft nebeneinander, und jeder einzelne war gebückt unter der Last eines schweren mit Wasser gefüllten Behälters aus Ziegenleder.

»Der Mann, der sie anführt, ist eine stattliche Erscheinung.« Kobbi deutete auf den Mann mit der Glocke, der den anderen voranging, ohne selbst eine Last zu tragen. »Gewiß war er in seinem Heimatland eine Persönlichkeit von hohem Ansehen, das sieht man gleich.«

»Viele der Wasserträger haben schöne Gesichter«, pflichtete Bansir bei. »Sie sind genauso tüchtige Männer wie wir. Große, blonde Männer aus dem Norden, lachende schwarze aus dem Süden und dort die kleinen, braungebrannten aus den benachbarten Ländern. Allesamt quälen sie sich vom Fluß zu den Gärten hinauf und wieder zurück, Tag für Tag, Jahr für Jahr. Und da winkt kein Glück, auf das sie sich freuen dürften. Sie müssen auf Stroh schlafen und sich von zähem Haferbrei ernähren. Hab Mitleid mit den armen Kerlen, Kobbi!«

»Natürlich habe ich Mitleid mit ihnen. Doch gerade du

öffnest mir eben die Augen, daß wir kaum besser dran sind, auch wenn wir uns freie Männer nennen.«

»Das ist wahr, Kobbi, so unerfreulich dieser Gedanke auch sein mag. Wir wollen nicht weiterhin Jahr für Jahr ein Sklavendasein fristen, bei dem wir uns placken und schinden und es doch zu nichts bringen!«

»Könnten wir nicht herausfinden, wie andere zu Gold kommen, und es ihnen dann nachmachen?« fragte Kobbi.

»Vielleicht gibt es ein Geheimnis, das wir lüften könnten, wenn wir jene befragten, die es kennen«, erwiderte Bansir.

»Gerade heute bin ich unserem alten Freund Arkad begegnet, als er in seinem goldenen Wagen vorbeifuhr«, meinte Kobbi. »Und er sah nicht über mein bescheidenes Haupt hinweg, wie viele andere in seiner Stellung es tun würden. Statt dessen winkte er mir zu, so daß alle Leute sehen konnten, wie er Kobbi, dem Musikanten, seinen Gruß entbot und ihm ein freundschaftliches Lächeln schenkte.«

»Er gilt als der reichste Mann von Babylon«, bemerkte Bansir nachdenklich.

»Er ist so reich, daß selbst der König seinen Rat sucht, wenn es um den Staatsschatz geht«, erwiderte Kobbi.

»Er ist enorm reich«, unterbrach ihn Bansir. »Ich könnte nicht die Hand ins Feuer legen, daß ich mich nicht an seiner prall gefüllten Geldbörse vergreifen würde, wenn ich ihm in dunkler Nacht begegnete.«

»Unsinn«, wies ihn Kobbi zurecht, »der Reichtum eines Menschen steckt nicht in der Börse, die er mit sich führt. Auch diese wird schnell leer, wenn sie nicht ständig mit

17

Goldmünzen aufgefüllt wird. Arkad verfügt über ein Einkommen, das ihm stets eine volle Geldbörse sichert, auch wenn er sein Geld noch so freigebig ausgibt.«

»Ein Einkommen, das ist es!« platzte Bansir heraus. »Auch ich möchte ein Einkommen haben, das ständig meine Geldbörse füllt, ob ich nun auf der Mauer sitze oder in ferne Länder reise. Arkad müßte wissen, wie man sich ein solches Einkommen verschafft. Meinst du, er könnte dies auch einem begriffsstutzigen Menschen wie mir verständlich machen?«

»Ich glaube, er hat sein Wissen bereits seinem Sohn vermittelt«, erwiderte Kobbi. »Ist dieser nicht nach Ninive gezogen, wo er nun, wie in der Schenke geredet wird, ohne die Hilfe seines Vaters einer der reichsten Männer der Stadt geworden ist?«

»Kobbi, du bringst mich da auf einen Gedanken.« In Bansirs Augen leuchtete neue Hoffnung auf. »Es kostet doch nichts, sich einen weisen Rat bei einem guten Freund zu holen, und Arkad ist stets ein solcher gewesen. Auch wenn unsere Börsen so leer sind wie ein Falkennest vom letzten Jahr, soll uns dies nicht abhalten. Wir sind es satt, inmitten des größten Reichtums kein Gold zu besitzen! Wir wollen wohlhabende Männer werden. Laß uns zu Arkad gehen und ihn fragen, wie auch wir zu Einkommen gelangen können.«

»Deine Worte zeugen von großer Eingebung, Bansir. Du erhellst meinen Verstand mit neuem Licht und läßt mich den Grund erkennen, weshalb wir bis jetzt nicht Wohlstand gefunden haben: Wir haben nie danach gesucht. Du hast dich unermüdlich abgeplagt, die vollkom-

mensten Wagen in Babylon zu bauen. Diesem Ziel galt
dein ganzes Streben, das du deshalb auch erreicht hast.
Und ich habe mich bemüht, ein guter Leierspieler zu werden, was mir auch gelungen ist.«

»Wir haben mit den Dingen Erfolg gehabt, die wir mit
Fleiß angepackt haben. Die Götter waren es zufrieden, uns
so weitermachen zu lassen. Jetzt aber tut sich ein Licht vor
unseren Augen auf, so hell wie das der aufgehenden Sonne.
Es gebietet uns, mehr Wissen zu erwerben, um endlich
Wohlstand zu erlangen. Mit neuem Verständnis werden
wir auf redliche Weise Möglichkeiten finden, uns unsere
Wünsche zu erfüllen.«

»Laß uns noch heute zu Arkad gehen«, drängte Bansir.
»Und laß uns auch unsere Freunde aus Kindheitstagen
mitnehmen, denen es nicht besser ergeht als uns, damit
auch sie aus seinem Wissen Nutzen ziehen können.«

»Du hast stets an deine Freunde gedacht, Bansir. Deshalb hast du auch so viele. Es soll so geschehen, wie du
sagst. Noch heute machen wir uns auf den Weg und nehmen sie mit.«

Der reichste Mann
von Babylon

Im alten Babylon lebte einst ein gewisser Arkad, ein unermeßlich reicher Mann. Er war weit und breit seines Reichtums, aber auch seiner Freigebigkeit wegen berühmt. Seine Mildtätigkeit war sprichwörtlich. Gegenüber seiner Familie zeigte er sich großzügig, und auch für sich selber gab er das Geld mit vollen Händen aus. Und trotzdem vermehrte sich sein Reichtum schneller, als daß er ihn aufbrauchte.

Eines Tages kamen einige Jugendfreunde zu ihm und sagten: »Du, Arkad, hast mehr Glück als wir. Du bist der reichste Mann von Babylon, während wir ums Überleben kämpfen müssen. Du kannst die schönsten Kleider tragen und die erlesensten Speisen genießen, wir dagegen müssen froh sein, wenn wir unsere Familien halbwegs anständig kleiden und so gut wie möglich satt bekommen können.

Aber einst waren wir alle gleich, haben beim gleichen Lehrer gelernt, an den gleichen Spielen teilgenommen. Du hast uns weder bei den Studien noch bei den Spielen übertroffen. Und in den darauffolgenden Jahren warst du auch kein ehrenhafterer Bürger als wir.

Soweit wir es beurteilen können, hast du auch nicht härter oder gewissenhafter gearbeitet als wir. Warum also hat das launische Schicksal dich ausgewählt, alle schönen Dinge des Lebens zu genießen, und uns übersehen, obwohl wir es genauso verdienten?«

Hierauf hielt Arkad ihnen vor: »Wenn ihr seit unseren Jugendtagen nicht mehr als den bloßen Lebensunterhalt erworben habt, dann deshalb, weil ihr es entweder versäumt habt, die Gesetze, die das Entstehen des Reichtums ermöglichen, zu erkennen, oder weil ihr sie nicht beachtet habt.«

»Das ›launische Schicksal‹ ist eine boshafte Göttin, die niemandem auf die Dauer Gutes beschert. Dagegen bewirkt sie den Untergang fast jedes Menschen, den sie mit unverdientem Gold überschüttet. Sie macht die Verschwender übermütig, so daß sie bald wieder alles verpraßt haben, was sie empfangen haben. Diese werden dann von unmäßigem Appetit und Wünschen gequält, die sie wegen ihrer Geldknappheit nicht mehr befriedigen können. Andere wiederum, die es begünstigt, werden zu Geizhälsen und horten ihren Reichtum, haben Angst, das, was sie besitzen, auszugeben, da sie wissen, daß sie keine Möglichkeit haben, es zu ersetzen. Außerdem leben sie in schrecklicher Angst vor Dieben und verdammen sich selbst zu einem Leben ohne Inhalt und voller Trübsal.

Es mag auch solche geben, die unverdient Gold empfingen, es vermehrten und weiterhin als glückliche und zufriedene Bürger leben. Aber sie sind derart in der Minderzahl, daß ich nur vom Hörensagen von ihrer Existenz weiß. Stellt euch die Männer vor, die plötzlich zu Reichtum gekommen sind, und überlegt, ob es nicht so ist.«

Seine Freunde pflichteten ihm bei, daß dies bei den Männern, von denen sie wußten, daß sie Reichtümer geerbt hatten, der Fall war. Sie bestürmten ihn, er solle ihnen erklären, wie er zu solch großem Wohlstand gekommen sei. Also fuhr Arkad fort: »In meiner Jugend blickte ich mich um und entdeckte all die schönen Dinge, die Glück und Zufriedenheit bereiten. Und ich erkannte, daß sie durch Reichtum besser erlangt werden können.

Reichtum ist eine Macht, die vieles ermöglicht.

Man kann sein Heim mit den kostbarsten Möbeln ausstatten.

Man kann über ferne Meere segeln.

Man kann die Leckerbissen fremder Länder genießen.

Man kann die Schmuckstücke der Goldschmiede und Steinschleifer kaufen.

Man kann sogar erhabene Tempel für die Götter errichten.

All dies kann man tun und vieles mehr, was die Sinne und die Seele erfreut. Und als ich all dies erkannte, beschloß ich, daß ich meinen Teil an den schönen Dingen des Lebens beanspruchen und nicht zu denen gehören würde, die abseits stehen und voller Neid beobachten, wie sich die anderen ein schönes Leben machen. Ich würde mich nicht damit begnügen, die billigsten Kleider zu tragen, würde mich nicht mit dem Los des armen Mannes abfinden. Im Gegenteil, ich würde an diesem Bankett teilnehmen.

Da ich, wie ihr ja wißt, Sohn eines einfachen Kaufmanns bin, aus einer großen Familie stamme ohne jede Hoffnung auf ein Erbe und zudem, wie ihr so freimütig bemerkt habt, nicht gerade mit besonderen Gaben der Weisheit ausgestattet bin, erkannte ich, daß ich viel Zeit und Studien benötigen würde, um das Gewünschte zu erreichen.

25

Was die Zeit angeht: Jeder Mensch besitzt sie im Über-maß. Jeder von euch hat genug nutzlose Zeit verstreichen lassen, um zu Wohlstand zu gelangen. Doch ihr gebt zu, daß ihr nichts anderes vorzuweisen habt als eure guten Familien, auf die ihr mit Recht stolz sein könnt.

Was die Studien anbetrifft: Hat nicht unser weiser Leh-rer uns beigebracht, daß es zwei Arten des Lernens gibt: Die eine beinhaltet die Dinge, die wir gelernt haben und wissen, die andere besteht in dem Bemühen, festzustellen, was wir nicht wissen. Deshalb entschloß ich mich, heraus-zufinden, wie man Reichtümer anhäufen kann. Als ich es erkannt hatte, nahm ich mir vor, diese Aufgabe gut zu er-füllen. Denn ist es nicht weise, daß wir uns unseres Daseins erfreuen, solange wir uns im hellen Schein der Sonne be-wegen? Denn noch genug Betrübnis wird uns umfangen, wenn wir in die Dunkelheit der Welt des Geistes eintau-chen.

Ich fand eine Anstellung als Schreiber in der Schreib-halle und war viele Stunden des Tages über meine Ton-tafeln gebeugt. Woche für Woche und Monat um Monat schuftete ich, aber mein Verdienst war gleich Null. Nah-rung, Kleidung, Opfer für die Götter und alle möglichen anderen Dinge fraßen meinen gesamten Verdienst auf. Aber mein Entschluß stand unerschütterlich fest.

Da kam eines Tages Algamish, der Geldverleiher, ins Haus des Stadtältesten und gab eine Abschrift des Neun-ten Gesetzes in Auftrag. Er sagte zu mir: ›Ich muß es in zwei Tagen haben, und wenn die Arbeit bis dahin fertig ist, gebe ich dir zwei Kupfermünzen.‹

Also mühte ich mich ab, aber das Gesetz war sehr lang,

und als Algamish zurückkehrte, war ich noch nicht fertig. Er war verärgert, und wäre ich sein Sklave gewesen, hätte er mich geschlagen. Aber da er wußte, daß der Stadtälteste dies nicht zulassen würde, hatte ich keine Angst und sagte zu ihm: ›Algamish, Ihr seid ein sehr reicher Mann. Erklärt mir, wie ich ebenfalls reich werden kann, und ich werde die ganze Nacht durchschreiben und Euch bei Sonnenaufgang Eure Tafeln überreichen.‹

Er lächelte mich an und erwiderte: ›Du bist ein vorlauter Knabe, aber der Handel gilt.‹

Ich arbeitete die ganze Nacht an den Tontafeln, obwohl mein Rücken schmerzte und der Qualm des Dochts mir Kopfweh verursachte und ich kaum etwas sehen konnte. Aber als Algamish bei Sonnenaufgang zurückkehrte, waren die Tafel fertig.

›Nun‹, sagte ich, ›erzählt mir, was Ihr mir versprochen habt.‹

›Du hast deinen Teil des Handels erfüllt, mein Sohn‹, sagte er freundlich zu mir, ›und ich bin bereit, meinen zu erfüllen. Ich werde dir die Dinge erzählen, die du wissen willst, weil ich allmählich alt werde, und alte Männer reden gern. Und wenn ein junger Mann den Rat eines alten sucht, wird ihm die Weisheit des Alters zuteil. Aber allzuoft glaubt die Jugend, daß wir Älteren nur die Weisheit vergangener Zeiten besäßen, und profitiert deshalb nicht von uns. Aber denk daran: Die Sonne, die heute scheint, ist die gleiche, die an dem Tag schien, als dein Vater geboren wurde, und sie wird immer noch scheinen, wenn dein letzter Enkel in die Dunkelheit eingeht.

Die Gedanken der Jugend‹, fuhr er fort, ›scheinen so

27

hell wie die Meteore, die häufig den Himmel erstrahlen lassen, aber die Weisheit des Alters gleicht den Fixsternen, deren Schein sich nicht verändert, so daß der Seemann sich auf sie verlassen kann, um seinen Kurs zu steuern.

Präge dir meine Worte gut ein, denn wenn du es nicht tust, wirst du das, was ich dir erzählen werde, nicht begreifen, und wirst annehmen, daß du vergeblich die ganze Nacht durchgeschuftet hast.‹

Dann blickte er mich unter seinen buschigen Augenbrauen scharf an und sagte eindringlich: ›Als ich beschloß, daß ich einen Teil meines Verdienstes sparen würde, habe ich den Weg zum Reichtum gefunden. Und du wirst es genauso machen.‹

Dann blickte er mich durchdringend an, schwieg aber.

›Ist das alles?‹ fragte ich.

›Das war genug, um das Herz eines Schafhirten in das eines Geldverleihers zu verwandeln‹, erwiderte er.

›Aber alles, was ich verdiene, gehört doch sowieso mir, oder?‹ fragte ich.

›Weit gefehlt‹, antwortete er mir. ›Mußt du nicht den Kleider- und Sandalenmacher bezahlen? Mußt du nicht deine Nahrungsmittel bezahlen? Kannst du in Babylon leben, ohne Geld auszugeben? Was ist dir von deinem Verdienst vom letzten Monat übriggeblieben, vom letzten Jahr? Du Dummkopf! Du bezahlst jeden, außer dich selbst, arbeitest im Grunde für andere, wie ein Sklave, der von seinem Herrn Essen und Kleidung erhält. Wenn du ein Zehntel deines Verdienstes auf die Seite legen würdest, wieviel hättest du dann in zehn Jahren?‹

Meine Kenntnis der Zahlen ließ mich nicht im Stich,

und ich antwortete: ›Soviel, wie ich in einem Jahr verdiene.‹

›Du sagst nur die halbe Wahrheit‹, konterte er. ›Jedes Goldstück, das du sparst, ist ein Sklave, der für dich arbeitet. Jede Kupfermünze, die dieser verdient, ist sein Kind, das ebenfalls für dich arbeiten kann. Wenn du reich werden willst, muß das, was du sparst, Früchte tragen und diese ihrerseits ebenfalls, damit du den Überfluß bekommst, nach dem du strebst.

Du glaubst, ich würdige deine Nachtarbeit nicht‹, fuhr er fort, ›aber ich bezahle dir das Tausendfache dafür, wenn du so intelligent bist, das zu begreifen, was ich dir erkläre.

Du solltest einen Teil deines Verdiensts sparen. Es sollte nicht weniger als ein Zehntel sein, egal, wie wenig du verdienst. Es kann auch mehr sein, als du dir gelegentlich leisten kannst. Bezahle zuerst dich selbst. Erwirb beim Kleider- und Sandalenmacher nicht mehr, als du bezahlen kannst, und achte darauf, daß du noch genug für Essen, Wohltätigkeit und Opfergaben für die Götter zurückbehältst.

Reichtum erwächst, genau wie ein Baum, aus einem winzigen Samen. Die erste Kupfermünze, die du sparst, ist der Samen, aus dem dein Baum des Reichtums emporwachsen wird. Je früher du den Samen in die Erde pflanzt, desto schneller sprießt der Baum. Und je gewissenhafter du diesen Baum gießt und durch stetes Sparen nährst, desto früher kannst du zufrieden in seinem Schatten ausruhen.‹

Nach diesen Worten nahm er seine Tafeln und entfernte sich.

Ich dachte viel über das nach, was er mir erzählt hatte, und es erschien mir vernünftig. Also beschloß ich, es zu versuchen. Immer wenn ich meinen Lohn bekam, legte ich jede zehnte Kupfermünze beiseite. Und so seltsam es scheinen mag, mein Geld war auch nicht knapper als vorher. Ich spürte kaum einen Unterschied, da ich es schaffte, ohne dieses Zehntel auszukommen. Aber als mein Schatz sich anhäufte, war ich des öfteren versucht, einen Teil davon für die hübschen Dinge auszugeben, die die Händler auf Kamelen oder Schiffen aus dem Land der Phönizier bezogen. Aber ich widerstand der Versuchung.

Zwölf Monate später kehrte Algamish zurück und sagte zu mir: ›Nun, mein Sohn, hast du dir ein Zehntel deines Verdiensts im letzten Jahr zurückgelegt?‹

Ich erwiderte stolz: ›Ja, mein Herr, das habe ich.‹

›Das ist fein‹, erwiderte er und strahlte mich an. ›Und was hast du damit getan?‹

›Ich habe es Azmur, dem Ziegelsteinbauer, gegeben, der mir sagte, er werde über die Meere fahren und mir in Tyrus die erlesenen Juwelen der Phönizier kaufen. Wenn er zurückkommt, werden wir sie zu einem hohen Preis verkaufen und uns den Gewinn teilen.‹

›Jeder Dummkopf muß lernen‹, brummte er, ›aber wie kannst du einem Ziegelbrenner vertrauen, wenn es um Juwelen geht? Würdest du den Bäcker über Sterne befragen? Nein, bei meinem Bart, du würdest den Astrologen aufsuchen, wenn du klug wärst. Deine Ersparnisse kannst du vergessen, Junge, denn du hast deinen Baum des Reichtums mit den Wurzeln ausgerissen. Aber pflanze gleich den nächsten. Versuch es erneut. Und wenn du dich das nächste Mal über Juwelen kundig machen willst, geh zum Juwelenhändler. Willst du etwas über Schafe erfahren, wende dich an den Schafhirten. Ratschläge werden kostenlos erteilt, aber achte darauf, daß du nur das annimmst, was sich lohnt. Wer sich über seine Ersparnisse von jemandem beraten läßt, der keine Ahnung hat, muß dafür mit seinem Ersparten büßen.‹ Nach diesen Worten ging er seines Weges.

Und es war genau so, wie er vorausgesagt hatte. Denn die Phönizier sind Schurken und verkauften Azmur wertlosen Talmi, der wie echt aussah. Aber wie Algamish mir vorgeschlagen hatte, sparte ich erneut jede zehnte Kupfermünze, denn ich hatte mich inzwischen daran gewöhnt, und so war es nicht weiter schwierig.

Wieder ein Jahr später kam Algamish in die Schreibhalle und wandte sich an mich. ›Welchen Fortschritt hast du gemacht, seit wir uns zuletzt gesehen haben?‹

›Ich habe gewissenhaft einen Zehntel meiner Einkünfte beiseite gelegt‹, erwiderte ich, ›und habe meine Ersparnisse Agger, dem Schildmacher, anvertraut, damit er Bronze kaufe. Alle vier Monate zahlt er mir die Rendite aus.‹

›Das ist sehr klug. Und was tust du mit der Rendite?‹

›Damit veranstalte ich ein großes Fest mit Honig, gutem Wein und Gewürzkuchen. Ich habe dafür auch eine scharlachrote Tunika erworben. Und eines Tages werde ich mir einen jungen Esel kaufen, auf dem ich reiten kann.‹

Algamish lachte lauthals. ›Du verzehrst die Kinder deiner Ersparnisse! Wie sollen sie für dich arbeiten können? Und wie können sie wiederum Kinder bekommen, die ebenfalls für dich arbeiten? Sorge erst dafür, daß du dir eine Armee goldener Sklaven anschaffst, dann kannst du dir unbesorgt üppige Bankette leisten.‹ Nach diesen Worten zog er sich wieder zurück.

Ich habe ihn dann erst zwei Jahre später wieder gesehen. Dieses Mal war sein Gesicht voller tiefer Furchen, und seine Augen blickten müde; er wirkte plötzlich sehr alt. Er wandte sich an mich und sagte: ›Arkad, hast du bereits den Reichtum erlangt, von dem du geträumt hast?‹

Ich antwortete: ›Noch nicht ganz, aber zum Teil, und das Geld vermehrt sich und die Kinder davon ebenfalls.‹

›Und hörst du immer noch auf den Rat von Ziegelbrennern?‹

›Über das Ziegelbrennen wissen sie Rat‹, erwiderte ich.

›Arkad‹, fuhr er fort, ›du hast deine Lektion gut gelernt. Zuerst hast du dir angewöhnt, mit weniger zurechtzukommen, als du verdient hast. Als nächstes hast du begriffen, daß du dich, wenn du Rat suchst, an jene wenden mußt, die aufgrund ihrer Erfahrung geeignet dafür sind. Und schließlich hast du gelernt, das Gold für dich arbeiten zu lassen.

Du hast begriffen, wie man zu Geld kommt, es spart und damit arbeitet. Deshalb bist du erfahren genug für eine verantwortungsvolle Stellung. Ich werde allmählich alt, und meine Söhne haben nur das Geldausgeben im Sinn und machen sich keine Gedanken, wie sie es verdienen. Meine Geschäfte sind weit verzweigt, und ich kann mich nicht mehr allein darum kümmern. Wenn du nach Nippur gehst, um dich dort um meine Ländereien zu kümmern, mache ich dich zu meinem Partner und teile meinen Besitz mit dir.‹

Also begab ich mich nach Nippur und verwaltete seine Besitztümer. Da ich voller Ehrgeiz war und die drei Gesetze des erfolgreichen Verwaltens von Reichtum beherrschte, konnte ich den Wert seiner Ländereien beträchtlich erhöhen. So gelangte ich zu großem Wohlstand, und als Algamishs Geist in das Reich der Dunkelheit aufbrach, wurde ich Erbe seines Vermögens, wie er es gesetzlich festgelegt hatte.«

So sprach Arkad, und als er mit seinem Bericht fertig war, sagte einer seiner Freunde: »Du hattest wirklich Glück, daß Algamish dich als Erben eingesetzt hat.«

»Glück nur insofern, daß ich, noch bevor ich ihn kennenlernte, den Wunsch verspürte, reich zu werden. Habe ich nicht vier Jahre lang meine eiserne Entschlossenheit gezeigt, indem ich ein Zehntel meines Verdiensts zur Seite legte? Würdet ihr sagen, ein Fischer, der jahrelang die Gewohnheiten der Fische studierte und die Netze immer an der richtigen Stelle auslegt, habe Glück? Die Gelegenheit ist eine hochmütige Göttin, die keine Zeit mit jenen vergeudet, die unvorbereitet sind.«

»Du hast starke Willenskraft bewiesen. Da du, nachdem du deine ersten Ersparnisse verloren hattest, weiterhin Geld zur Seite gelegt hast, bist du in dieser Hinsicht ungewöhnlich«, bemerkte ein anderer.

»Willenskraft!« blaffte Arkad. »Was für ein Unsinn! Glaubt ihr, Willenskraft gebe einem Mann die Stärke, eine Last zu heben, die ein Kamel nicht tragen kann, oder eine Ladung zu ziehen, die selbst Ochsen nicht bewegen können? Willenskraft ist lediglich die unerschütterliche Absicht, eine selbstgestellte Aufgabe zu vollenden. Wenn ich mir etwas vornehme, sei es auch noch so banal, lasse ich mich durch nichts davon abbringen. Wie sonst soll ich das Selbstvertrauen gewinnen, um auch bedeutende Vorhaben durchzuführen? Sollte ich mir vornehmen: ›Wenn ich hundert Tage lang über die Brücke in die Stadt gehe, hebe ich jedesmal einen Stein auf und werfe ihn in den Fluß‹, würde ich es tun. Wenn ich am siebten Tag vorbeiginge, ohne mich daran zu erinnern, würde ich nicht zu mir sagen: ›Morgen werde ich zwei Steine in den Fluß werfen, das kommt auf das gleiche raus.‹ Statt dessen würde ich denselben Weg zurückgehen und den Stein in den Fluß werfen. Ich würde auch nicht am zwanzigsten Tag zu mir sagen: ›Arkad, das ist sinnlos. Was nützt es dir, jeden Tag einen Stein zu werfen? Wirf eine Handvoll hinein, und laß es damit gut sein.‹ Nein, das würde ich weder sagen noch tun. Wenn ich mir eine Aufgabe vornehme, führe ich sie zu Ende. Deshalb achte ich darauf, keine schwierigen und unpraktischen Aufgaben in Angriff zu nehmen, denn meine Bequemlichkeit geht mir über alles.«

Dann meldete sich ein anderer Freund zu Wort und meinte: »Wenn das, was du sagst, stimmt – und deine Worte klingen durchaus vernünftig –, dann würde es wohl, wenn alle Männer danach verfahren würden, da es doch so einfach ist, nicht genug Schätze für alle geben!«

»Reichtum entsteht immer da, wo Männer Tatkraft zeigen«, erwiderte Arkad. »Wenn sich ein reicher Mann einen neuen Palast errichten läßt, ist dann das Gold, das er dafür aufwendet, vergeudet? Nein, denn der Ziegelbrenner hat Anteil daran, und der Bauarbeiter, und der Baumeister. Und alle anderen, die an dem Haus arbeiten, nehmen daran teil. Doch wenn der Palast vollendet ist, ist er dann nicht alle Aufwendungen wert? Und ist der Grund, auf dem er steht, dadurch nicht mehr wert? Und hat das angrenzende Grundstück nicht auch deshalb größeren Wert, weil er sich dort befindet? Reichtum vermehrt sich auf wundersame Weise. Kein Mensch kann seine Grenzen voraussagen. Haben nicht die Phönizier mit dem Reichtum, den sie durch ihre Handelsschiffe erlangt haben, große Städte an unfruchtbaren Küsten erbaut?«

»Was also rätst du uns zu tun, damit wir ebenfalls reich werden?« fragte ein anderer seiner Freunde. »Die Jahre sind verstrichen, und wir sind keine jungen Männer mehr und haben nichts weggelegt.«

»Ich rate euch, die Weisheit von Algamish zu erkennen und euch vorzunehmen: ›*Einen Teil meines Verdienstes lege ich auf die Seite.*‹ Sagt es morgens, wenn ihr aufsteht, sagt es mittags und abends. Sagt es jede Stunde des Tages. Sagt es euch so lange vor, bis die Worte wie Buchstaben aus Feuer am Himmel stehen. Laßt euch von der Vorstellung durchdringen, laßt den Gedanken in euch einsickern. Dann legt den Teil zur Seite, der euch als angemessen erscheint. Es sollte nicht weniger als ein Zehntel sein. Ordnet eure übrigen Ausgaben so, daß dies möglich ist. Aber spart zuerst dieses Zehntel. Bald werdet ihr feststellen, welch gutes Gefühl es ist, einen Schatz zu besitzen, auf den ihr allein Anspruch habt. Je mehr er wächst, desto mehr regt er euch an. Neue Lebensfreude wird euch erfüllen. Ihr werdet euch noch mehr anstrengen, um mehr zu verdienen. Denn je höher euer Verdienst ist, desto größer sind eure Ersparnisse.

Dann müßt ihr lernen, euer Geld für euch arbeiten zu lassen, es zu eurem Sklaven zu machen. Sorgt dafür, daß seine Kinder und dessen Kinder für euch arbeiten.

Sichert euch ein Einkommen für eure Zukunft. Kümmert euch aber auch um die Alten, und vergeßt nicht, daß ihr in absehbarer Zeit auch zu ihnen gehören werdet. Investiert deshalb euer Vermögen mit größter Vorsicht, damit es nicht verlorengeht. Unrealistische Gewinne sind trügerische Sirenen, die den Achtlosen auf den Felsen des Verlusts und der Zerknirschung locken.

Sorgt auch dafür, daß eure Familie nicht Mangel leidet, wenn die Götter euch in ihr Reich holen werden. Ihr könnt Vorsorge für eure Lieben treffen, indem ihr in regelmäßigen Abständen kleine Beträge zurücklegt. Deshalb verläßt sich der vorausschauende Mann nicht darauf, daß in diesem Fall eine große Summe zur Verfügung steht.

Laßt euch von klugen Männern beraten. Sucht den Rat solcher Männer, die täglich mit Geld zu tun haben. Laßt sie euch vor solch einem Irrtum bewahren, wie ich ihn begangen habe, indem ich mein Geld dem Urteilsvermögen von Azumur, dem Ziegelbrenner, anvertraute. Ein kleiner, sicherer Ertrag ist weitaus erstrebenswerter als eine risikoreiche Investition.

Genießt das Leben, solange ihr auf Erden weilt. Übertreibt es nicht, versucht aber auch nicht, zu viel zu sparen. Wenn ihr mühelos ein Zehntel eurer Einkünfte sparen könnt, begnügt euch damit. Lebt im übrigen eurem Einkommen entsprechend, seid nicht knauserig oder ängstlich, Geld auszugeben. Das Leben ist schön und voll lohnender, erfreulicher Dinge.«

Seine Freunde dankten ihm und gingen dann ihrer Wege. Einige schwiegen, denn sie hatten keine Phantasie und konnten die Worte ihres Freundes nicht begreifen. Andere äußerten sich sarkastisch, weil sie der Meinung waren, daß jemand, der so reich war, mit alten Freunden, die nicht so viel Glück gehabt hatten, teilen sollte. Aber einigen wenigen war ein Licht aufgegangen. Sie erkannten, daß Algamish deshalb immer wieder zu dem Schreiber zurückgekehrt war, weil er beobachtet hatte, wie sich ein Mann seinen Weg aus der Dunkelheit ins Licht bahnte. Als dieser Mann das Licht gefunden hatte, wartete eine gute Position auf ihn, die jemand erst ausfüllen konnte, wenn er seinen eigenen Weg gefunden hatte und deshalb bereit war, die Gelegenheit beim Schopf zu ergreifen.

Im Laufe der nächsten Jahre suchten diese Freunde Arkad des öfteren auf. Er empfing sie jedes Mal freundlich, beratschlagte mit ihnen und gab ihnen sein Wissen weiter, denn Männer mit viel Erfahrung sind immer gern dazu bereit. Und er half ihnen, ihre Ersparnisse gut anzulegen, mit einem sicheren Ertrag, und achtete darauf, daß sie keine Investitionen tätigten, die keine Gewinne einbrachten.

Der Wendepunkt im Leben dieser Männer trat an dem Tage ein, als sie die Wahrheit erkannten, die Algamish Arkad vermittelt hatte und dieser seinerseits an sie:

> **Ihr müßt den zehnten Teil**
> **Eures Verdienstes sparen.**

Sieben Methoden,
eine leere Geldbörse zu füllen

Der Glanz Babylons hält an. Über die Jahrtausende hat sich sein Ruf als reichste Stadt der Welt, als Ort der sagenhaften Schätze erhalten.

Aber es war nicht immer so. Der Reichtum Babylons gründet auf der Weisheit seiner Bewohner, denn diese hatten erst lernen müssen, wie man reich wird.

Als Sargon, der gute König, nach dem Sieg über seine Feinde, die Elamiten, nach Babylon zurückkehrte, sah er sich einer ernsten Situation gegenüber. Sein Kanzler erklärte sie ihm folgendermaßen:

»Nach vielen Jahren großen Wohlstands, den unser Volk genoß, weil Eure Majestät die großen Bewässerungskanäle und die erhabenen Tempel für die Götter haben erbauen lassen, scheinen unsere Leute, nachdem diese Werke vollendet sind, nicht mehr in der Lage zu sein, sich selbst ernähren zu können. Die Arbeiter haben keine Arbeit, die Kaufleute nur wenige Kunden, die Bauern können ihre Produkte nicht verkaufen, und die Menschen haben nicht genug Gold, um sich Nahrungsmittel zu kaufen.«

»Aber was ist aus all dem Gold geworden, das wir für diese großen Projekte ausgegeben haben?« wollte der König wissen.

»Ich befürchte«, erwiderte der Kanzler, »es ist in die Hände einiger weniger reicher Männer unserer Stadt geflossen, und zwar schneller, als der Sand durch die Sanduhr rinnt. Da nun der Goldfluß versiegt ist, besitzen die meisten unserer Bürger nichts mehr, womit sie ihren Lebensunterhalt verdienen könnten.«

Der König war eine Zeitlang in Gedanken versunken. Dann fragte er: »Warum sind wohl nur so wenige Männer fähig, das viele Gold zu erwerben?«

»Weil sie wissen, wie«, erwiderte der Kanzler knapp. »Man kann einen Mann, der Erfolg hat, nicht verdammen, nur weil er weiß, wie es geht. Noch darf man, sofern man Gerechtigkeitssinn besitzt, einem Mann das wegnehmen, was er sich ehrlich verdient hat, um es Männern mit weniger Fähigkeiten zu geben.«

»Aber warum«, fragte der König, »sollen nicht alle Menschen lernen, wie man Gold anhäuft und folglich reich und wohlhabend wird?«

»Das ist durchaus möglich, Majestät, aber wer kann es ihnen beibringen? Gewiß nicht die Priester, denn sie wissen nicht, wie man zu Geld kommt.«

»Wer in unserer Stadt versteht sich am besten darauf, reich zu werden, Kanzler?« wollte der König wissen.

»Diese Frage beantwortet sich von selbst, Majestät. Wer hat in Babylon den größten Reichtum angehäuft?«

»Eine gute Erwiderung, mein schlauer Kanzler. Natürlich Arkad. Er ist der reichste Mann von Babylon. Bring ihn morgen zu mir!«

Am nächsten Tag erschien Arkad, wie befohlen, vor dem König. Er hielt sich trotz seiner siebzig Jahre aufrecht und wirkte recht vital.

»Arkad«, wandte sich der König an ihn, »stimmt es, daß du der reichste Mann von Babylon bist?«

»So heißt es, Majestät, und niemand bestreitet es.«

»Wie bist du so reich geworden?«

»Indem ich Gelegenheiten nutzte, die sich allen Bürgern unserer schönen Stadt bieten.«

»Und du hast am Anfang nichts besessen?«

»Nur den glühenden Wunsch, reich zu werden, sonst nichts.«

»Arkad«, fuhr der König fort, »unsere Stadt befindet sich in einer sehr mißlichen Lage, weil einige Männer es verstehen, Reichtum anzusammeln und zu monopolisieren, während es den meisten unserer Bürger am Wissen fehlt, wie sie einen Teil ihres Goldes sparen sollen. Es ist mein Wunsch, daß Baylon die reichste Stadt der Welt werde, deshalb muß es hier viele reiche Männer geben. Aus diesem Grund müssen wir allen Mitbürgern beibringen, wie sie Reichtümer erwerben. Sag mir, Arkad, gibt es irgendein Geheimnis, reich zu werden? Kann man es lernen?«

»Aber gewiß, Majestät. Das, was einer weiß, kann er auch an andere weitergeben.«

Der Blick des Königs hellte sich auf. »Arkad, du sprichst die Worte, die ich hören möchte. Willst du dich für diese große Sache zur Verfügung stellen? Willst du dein Wissen einer Schule von Lehrern weitergeben, von denen jeder wiederum andere unterweisen soll, bis es genügend Männer gibt, die genug wissen, um diese Wahrheiten an jeden würdigen Untertanen meines Reiches weitergeben zu können?«

Arkad verneigte sich und sagte: »Ich bin Euer demütiger Diener. Was auch immer ich an Wissen besitze, vermittle ich gerne zum Besten meiner Mitmenschen und zum Ruhme meines Königs weiter. Laßt Euren klugen Kanzler eine Gruppe von hundert Mann zusammenstellen, und ich werde sie die sieben Methoden lehren, die meine Geldbörse, die damals die leerste in ganz Babylon war, prall füllten.«

Vierzehn Tage später versammelten sich die besagten hundert Männer gemäß dem Wunsch des Königs in der Großen Halle des Tempels des Lernens und setzten sich im Halbkreis. Arkad hatte neben einem kleinen Hocker Platz genommen, auf dem eine geweihte Lampe einen fremdartigen, aber angenehmen Duft verströmte.

»Sieh da, der reichste Mann von Babylon«, flüsterte ein Student seinem Nachbarn zu, als Arkad sich erhob. »Er ist auch nicht anders als wir.«

»Als pflichtbewußter Untertan unseres großen Königs«, begann Arkad, »stehe ich in seinem Auftrage vor euch. Da ich einst ein armer Junge war, der sich inbrünstig nach Gold sehnte, und weil ich das Wissen fand, das mich befähigte, es zu erwerben, bittet er mich, mein Wissen an euch weiterzugeben.

Ich schuf mir mein Vermögen auf die bescheidenste Art, besaß nicht die Privilegien, die ihr und alle Bürger Babylons in vollem Maße genießen.

Ich begründete mein Vermögen mit einer abgewetzten Geldbörse, deren gähnende Leere ich verabscheute. Ich wünschte mir, daß sie rund und prall sei, voll klingender Goldmünzen. Deshalb suchte ich nach Abhilfe und fand sieben Methoden.

Euch, die ihr hier vor mir versammelt seid, werde ich

die sieben Methoden erklären, dank deren eine leere Geldbörse gefüllt werden kann. Ich empfehle sie allen, die viel Gold erwerben wollen. An sieben Tagen werde ich euch jeweils eine der sieben Methoden erklären.

Hört aufmerksam zu, was ich euch an Wissen zu vermitteln habe, und diskutiert mit mir und untereinander darüber. Lernt diese Lektionen gründlich, damit ihr in eure eigenen Geldbörsen den Samen des Reichtums pflanzt. Zuerst muß sich jeder von euch ein eigenes Vermögen aufbauen. Dann erst seid ihr befähigt, diese Wahrheiten anderen zu vermitteln.

Ich werde euch mit einfachen Worten beibringen, wie ihr eure Geldbörse anschwellen lassen könnt. Das ist der erste Schritt, der zum Tempel des Reichtums führt. Diesen Tempel kann kein Mensch erklimmen, der nicht mit beiden Füßen auf der ersten Stufe steht.

Nun wollen wir die erste Methode näher untersuchen.«

Die erste Methode
Fangt an, eure Geldbörse zu füllen

Arkad wandte sich an einen nachdenklichen Mann in der zweiten Reihe. »Guter Mann, welches Handwerk übst du aus?«

»Ich«, erwiderte der Mann, »bin ein Schreiber und ritze Berichte auf die Tontafeln.«

»Mit solcher Arbeit erwarb auch ich meine ersten Kupfermünzen. Deshalb hast du die gleiche Möglichkeit, dir ein Vermögen aufzubauen.«

Dann sprach er einen rotgesichtigen Mann weiter hinten an. »Bitte, sag mir, womit du dein Brot verdienst.«

»Ich«, erwiderte der Mann, »bin ein Fleischer. Ich kaufe die Ziegen, die die Bauern züchten, schlachte sie und verkaufe das Fleisch den Hausfrauen und die Häute den Sandalenmachern.«

»Da du arbeitest und verdienst, hast du alle Chancen, das gleiche zu erreichen wie ich.«

Auf diese Weise fand Arkad heraus, wie jeder seinen Lebensunterhalt verdiente. Als er seine Befragung beendet hatte, sagte er:

»Nun, meine Studenten, ihr werdet jetzt erkannt haben, daß es viele Geschäfte und Tätigkeiten gibt, bei denen man allerlei Münzen verdienen kann. Jede Verdienstmöglichkeit bedeutet einen Zufluß von Goldmünzen, von dem der Arbeiter durch seine Arbeit einen Teil in seine eigene Börse abführt. Deshalb füllt sich die Börse eines jeden von euch mit Münzen. Je nach Fähigkeit sind es viele oder wenige. Ist es nicht so?«

Alle nickten und pflichteten ihm bei.

»Wenn sich nun jeder von euch ein Vermögen aufbauen möchte«, fuhr Arkad fort, »ist es dann nicht klug, wenn er damit beginnt, diese Quelle des Reichtums, die er bereits besitzt, zu nutze?«

Wiederum pflichteten ihm die Männer bei.

Dann wandte sich Arkad einem bescheidenen Mann zu, der sich als Eierhändler zu erkennen gegeben hatte. »Wenn du einen deiner Körbe nimmst und jeden Morgen zehn Eier hineinlegst und jeden Abend neun Eier herausnimmst, was wird dann schließlich geschehen?«

»Mit der Zeit wird der Korb überquellen.«

»Warum?«

»Weil ich jeden Tag ein Ei mehr hineinlege, als ich herausnehme.«

Arkad wandte sich mit einem Lächeln an die Gruppe. »Hat hier jemand von euch eine leere Geldbörse?«

Zuerst blickten die Männer amüsiert, dann brachen sie in Lachen aus. Und zuletzt schwenkten sie ihre Geldbörsen zum Spaß.

»Gut«, fuhr Arkad schmunzelnd fort, »jetzt werde ich euch die erste Methode zur Behebung einer leeren Geldbörse erklären. Macht es genau so, wie ich es dem Eierhändler geraten habe. *Von den zehn Münzen, die ihr in euere Geldbörse steckt, nehmt ihr neun zum Verbrauch heraus. Danach wird sich eure Börse sofort aufblähen, und das größere Gewicht wird sich in eurer Hand gut anfühlen und eure Seele befriedigen.*

Belacht nicht meine Worte wegen ihrer Schlichtheit. Die Wahrheit ist immer einfach. Aber ich habe euch ja versprochen, euch zu verraten, wie ich reich geworden bin. Auch ich trug eine leere Geldbörse mit mir herum und verfluchte sie, da sie nichts enthielt, um meine Wünsche zu erfüllen. Aber als ich damit anfing, nur mehr neun Münzen von zehn herauszunehmen, begann sie, praller zu werden. So wird es auch mit eurer geschehen.

Nun werde ich euch eine seltsame Wahrheit verraten, die mir selber unerklärlich ist. Als ich damit aufhörte, mehr als neun Zehntel meines Verdienstes auszugeben, kam ich mit meinem Geld genauso gut zurecht wie vorher. Ja, binnen kurzem flossen mir die Münzen leichter zu als zuvor. Es ist gewiß ein Gesetz der Götter, daß dem, der einen bestimmten Teil seines Verdienstes spart und nicht ausgibt, das Gold leichter zufließt. Genauso wie das Gold demjenigen aus dem Weg geht, der eine leere Geldbörse besitzt.

Was wünscht ihr euch am meisten? Wollt ihr euch alltägliche Wünsche erfüllen: Schmuck, etwas Putz, bessere Kleidung und mehr Nahrungsmittel – Dinge, die schnell wieder verbraucht sind? Oder lieber etwas von Dauer, wie zum Beispiel Gold, Ländereien, Herden, Waren, einträgliche Investitionen? Die Münzen, die ihr eurer Geldbörse entnehmt, erfüllen die erstgenannten Wünsche, die Münzen, die ihr in der Börse laßt, die letztgenannten.

Dies, meine Studenten, war die erste Methode, die ich entdeckt hatte, um etwas gegen meine leere Börse zu unternehmen: ›Von zehn Münzen, die ich in die Geldbörse stecke, nehme ich nur neun heraus.‹ Diskutiert miteinander darüber. Wenn jemand beweisen kann, daß dies nicht stimmt, dann soll er es mir an dem Morgen sagen, an dem wir uns wieder treffen.«

Die zweite Methode
Kontrolliert eure Ausgaben

»Einige unter euch haben folgende Frage an mich gestellt: ›Wie kann man ein Zehntel aller Münzen, die in die Börse fließen, sparen, wenn das gesamte Geld, das man verdient, nicht einmal die nötigen Ausgaben deckt?‹« Mit diesen Worten eröffnete Arkad den zweiten Tag.

»Wie viele von euch haben gestern leere Geldbörsen bei sich getragen?«

»Alle von uns«, antworteten alle Teilnehmer einmütig.

»Aber ihr verdient nicht alle das gleiche. Einige verdienen viel mehr als andere. Einige haben viel größere Familien zu unterhalten. Und doch waren alle Börsen gleichermaßen leer. Nun will ich euch eine ungewöhnliche Wahrheit über Männer und die Söhne dieser Männer verraten: Das, was wir als ›notwendige Ausgaben‹ bezeichnen, wird immer entsprechend unserem Einkommen wachsen, sofern wir uns nicht etwas anderes vornehmen.

Verwechselt nicht die notwendigen Ausgaben mit euren Wünschen. Ihr und eure Familienangehörigen habt mehr Wünsche, als durch eure Einkünfte befriedigt werden können. Deshalb wird euer Verdienst zur Erfüllung dieser Wünsche verwendet. Und doch bleiben noch viele Wünsche unerfüllt.

Alle Menschen leiden darunter, daß sie mehr Wünsche hegen, als sie sich erfüllen können. Ihr glaubt wohl, daß ich mir aufgrund meines Reichtums alle Wünsche erfüllen kann? Das ist eine irrige Vorstellung. Zum Beispiel sind meine Zeit und meine Kraft begrenzt. Die Entfernungen, die ich zurücklegen kann, ebenso. Ich kann nicht alles essen, wozu ich Lust habe, und auch meiner Genußfähigkeit sind Grenzen gesetzt.

Ich sage euch, genauso wie das Unkraut in einem Feld überall da wuchert, wo es Platz findet, genauso breiten sich die Wünsche der Menschen aus, wenn sich die Möglichkeit bietet, daß diese erfüllt werden. Ihr werdet von mannigfachen Wünschen beherrscht, und es sind nur wenige, die ihr befriedigen könnt.

Untersucht gründlich eure Lebensgewohnheiten. Dabei werdet ihr höchstwahrscheinlich bestimmte Ausgaben entdecken, die ihr stillschweigend hinnehmt, die aber reduziert oder ganz gestrichen werden könnten. Schreibt deshalb auf eure Tontafeln die Dinge, für die ihr Geld ausgeben wollt. Wählt jene aus, die notwendig sind, und die, die bei der Verwendung von neun Zehnteln eures Einkommens möglich sind. Streicht die restlichen Posten, und betrachtet sie als Teil jener Vielzahl von Wünschen, die nicht erfüllt werden können, und weint ihnen nicht nach.

Dann rechnet eure notwendigen Ausgaben aus, unter Auslassung des einen Zehntels, das eure Geldbörse auffüllt. Laßt dies euren großen Wunsch sein, der erfüllt wird. Haltet euch an euren Finanzplan, und bringt ihn immer wieder auf den neuesten Stand. Er soll euer erster Assistent auf dem Weg zu einem Vermögen sein.«

Daraufhin erhob sich einer der Studenten, der ein rotgoldenes Gewand trug, und sagte: »Ich bin ein freier Mann und glaube, daß es mein gutes Recht ist, die schönen Dinge des Lebens zu genießen. Deshalb lehne ich mich gegen die Sklaverei eines Finanzplans auf, der genau festlegt, wieviel ich ausgeben darf und wofür. Ich meine, das würde mir viel Lebensfreude rauben und mich zu einem Packesel abstempeln, der seine Last tragen muß.«

Arkad erwiderte ihm: »Wer, mein Freund, würde deinen Finanzplan festlegen?«

»Ich selbst«, antwortete der widerborstige Mann.

»Würde denn ein Packesel, der selber über seine Last

entscheiden könnte, Juwelen, kleine Teppiche und schwere Goldbarren auf den Weg durch die Wüste mitnehmen wollen? Wohl kaum. Er würde Heu, Korn und einen Wasserbeutel vorziehen.

Der Zweck eines Finanzplans besteht darin, euch mehr Geld zu verschaffen. Er soll euch helfen, das Notwendige zu erwerben und, soweit möglich, eure übrigen Wünsche zu erfüllen. Außerdem soll er euch helfen zu erkennen, welche Wünsche euch wirklich am Herzen liegen und welche unerheblich sind. Wie das helle Licht im dunklen Keller zeigt euch euer Budget die Löcher in eurer Geldbörse und hilft euch, sie zu stopfen und eure Ausgaben zugunsten lohnender Ziele zu kontrollieren.

Das ist also die zweite Methode, wie man gegen eine leere Geldbörse angehen kann. *Plant eure Ausgaben, damit ihr Geld für die Bezahlung notwendiger Dinge habt, für euer Vergnügen und um eure erstrebenswerten Wünsche zu erfüllen, ohne mehr als neun Zehntel eures Verdiensts auszugeben.«*

Die dritte Methode
Sorgt dafür, daß sich euer Gold vermehrt

»Seht, wie sich eure leere Geldbörse füllt. Ihr habt euch angewöhnt, ein Zehntel eurer Einkünfte nicht auszugeben, und ihr habt eure Ausgaben kontrolliert, um euren Geldzuwachs zu fördern. Als nächstes wollen wir die Möglichkeiten untersuchen, die euer Vermögen arbeiten lassen und vermehren. Eine pralle Geldbörse ist beruhigend und befriedigt sicherlich einen Geizhals, bringt aber nichts ein.

51

Das Gold, das wir von unserem Verdienst einbehalten, bildet nur den Anfang, denn erst aus dem Ertrag wird sich unser Vermögen aufbauen.« So sprach Arkad am dritten Tag zu seiner Gruppe.

»Wie können wir also unser Gold arbeiten lassen? Meine erste Investition war ein Fehlschlag, weil ich dabei alles verlor. Ich werde später Näheres darüber berichten. Meine erste einträgliche Investition war ein Darlehen, das ich einem Mann namens Aggar, einem Schildmacher, gewährte. Einmal im Jahr kaufte er große Schiffsladungen von Bronze auf, die er aus fernen Landen bezog und mit denen er handelte. Da er nicht genug Kapital besaß, um die Händler zu bezahlen, borgte er sich das Geld bei Männern, die es übrighatten. Er war ein ehrenwerter Mann, zahlte immer, wenn er seine Schilde verkauft hatte, sein Darlehen mit einem großzügigen Zins zurück. Immer, wenn ich ihm Geld lieh, gab ich ihm auch die Rendite vom letzten Mal. Auf diese Weise wuchs nicht nur mein Kapital an, sondern auch die Rendite aus diesem. Es war höchst befriedigend, zu sehen, wie diese Erträge in meine Börse zurückflossen.

Ich sage euch, meine Studenten, den Reichtum eines Mannes machen nicht die Münzen aus, die er in seiner Geldbörse mit sich führt, sondern die Erträge, die er aufbaut, der Geldstrom, der unaufhörlich in seine Geldbörse fließt, so daß diese immer prall gefüllt ist. Was ihr alle euch wünscht, das wünscht sich jeder Mensch auf Erden: Erträge, die kontinuierlich fließen, egal, ob ihr arbeitet oder euch auf Reisen befindet.

Ich habe mir große Einkünfte geschaffen, so daß man

mich als sehr reich bezeichnet. Durch die Darlehen an Aggar erwarb ich mir Übung darin, wie man mit Profit investiert. Durch diese Erfahrung geschickter geworden, gewährte ich weitere Darlehen und tätigte, als mein Kapital wuchs, weitere Investitionen. Zuerst aus wenigen Quellen, dann aus vielen, floß ein goldener Strom des Wohlstands in meine Geldbörse, den ich mit Klugheit zu nutzen gedachte.

Seht, von meinem bescheidenen Verdienst hatte ich mir eine Schar goldener Sklaven zugelegt, von denen jeder arbeitete und noch mehr Gold verdiente. Sie arbeiteten für mich, auch ihre Kinder und Kindeskinder, bis ich durch ihre gemeinsamen Anstrengungen ein großes Vermögen aufbaute.

Gold vermehrt sich schnell, wenn vernünftige Erträge erzielt werden, wie ihr an folgendem Beispiel sehen werdet: Als einem Bauern der erste Sohn geboren wurde, trug er zehn Silberstücke zu einem Geldverleiher und bat ihn, dieses Geld bis zum zwanzigsten Geburtstag seines Sohnes verzinslich aufzubewahren. Der Geldverleiher war einverstanden. Es war ausgemacht, daß die Rendite alle vier Jahre ein Viertel der Summe betragen sollte. Der Bauer bat, daß dieser Ertrag der angelegten Summe, die ja seinem Sohn gehörte, hinzugerechnet werden sollte.

Als der Junge zwanzig geworden war, suchte der Bauer erneut den Geldverleiher auf, um sich nach den Silbermünzen zu erkundigen. Der Geldverleiher erklärte, daß die ursprüngliche Summe von zehn Silberstücken aufgrund der Zinseszinsen auf die Summe von dreißigeinhalb Silberstücken angewachsen war.

Der Bauer war sehr erfreut. Da der Sohn das Geld nicht benötigte, ließ er es beim Geldverleiher. Als der Sohn fünfzig war und der Vater inzwischen das Zeitliche gesegnet hatte, zahlte der Geldverleiher dem Sohn die stattliche Summe von 167 Silberstücken aus.

So hatte sich die Investition in fünfzig Jahren fast um das Siebzehnfache vermehrt.

Das ist also die dritte Methode, um einer leeren Geldbörse Abhilfe zu schaffen: *Laßt die Münzen arbeiten, damit sie sich, genau wie die Herden, vermehren und euch Einkommen schaffen, einen Strom von Reichtum, der kontinuierlich in eure Geldbörse fließen soll.*«

Die vierte Methode
Bewahrt eure Schätze vor Verlust

»Das Unglück trifft gern glänzendes Metall. Das Gold im Besitz eines Mannes muß eisern bewacht werden, sonst ist es verloren. So ist es klug, daß wir erst kleine Beträge absichern, bevor die Götter uns größere zukommen lassen.« So sprach Arkad am vierten Tag zu seinen Studenten.

»Jeder Mann, der Gold besitzt, unterliegt der Versuchung, durch angeblich günstige Gelegenheiten in höchst lohnende Projekte zu investieren, um viel Geld zu verdienen. Oft stürzen sich Freunde und Verwandte begierig auf solche Investitionen und zwingen ihn, es ihnen nachzutun.

Wenn man investiert, gilt als oberstes Gebot, das Kapital nicht zu gefährden. Ist es klug, sich durch höhere Erträge blenden zu lassen und dabei zu riskieren, daß das Kapital verlorengeht? Ich sage nein. Das Risiko muß eventuell durch Einbuße des Kapitals bezahlt werden. Laßt euch nicht vorgaukeln, euer Kapital sei hundertprozentig sicher, und laßt euch nicht durch eure romantischen Wünsche, schnell zu Reichtum zu gelangen, täuschen.

Bevor ihr euer Geld jemandem borgt, vergewissert euch, ob er es zurückzahlen kann und ob er als zuverlässig gilt, damit ihr ihm nicht gegen euren Willen euer hart verdientes Geld zum Geschenk macht.

Bevor ihr es in irgendeinen Bereich investiert, erkundigt euch nach den Gefahren, die damit verbunden sind.

Meine erste Investition endete damals tragisch für mich, denn ich vertraute die Ersparnisse eines Jahres einem Ziegelbrenner namens Azmur an, der übers weite Meer segelte, um in Tyrus kostbaren phönizischen Schmuck für mich zu erwerben. Nach seiner Rückkehr wollten wir diesen verkaufen und uns den Erlös teilen. Aber die Phönizier waren Schurken und verkauften ihm buntes Glas. Mein Geld war somit verloren. Heute weiß ich, wie töricht es von mir war, einen Ziegelbrenner mit dem Kauf von Schmuck zu beauftragen.

Deshalb rate ich euch aufgrund meiner Erfahrungen: Verlaßt euch nicht allzusehr auf eure eigene Weisheit, um bei der Investition eures Vermögens nicht in eine Falle zu tappen. Es ist weitaus besser, ihr wendet euch an jene Männer, die darin Erfahrung haben, Geld arbeiten zu lassen. Ein solcher Rat ist kostenlos und kann durchaus Gold wert sein in Anbetracht der Summe, die ihr investieren wollt. Darin zeigt sich nämlich sein wahrer Wert, wenn er euch vor Verlust bewahrt.

Das also ist die vierte Methode, um einer leeren Börse abzuhelfen. Sie kann euch davor schützen, eure Geldbörse schrumpfen zu lassen, nachdem sie so erfreulich gefüllt war. *Bewahrt euer Vermögen vor Verlust, indem ihr nur dann investiert, wenn euer Kapital sicher ist und jederzeit in Anspruch genommen werden kann, wenn dies wünschenswert ist, und ihr eine anständige Rendite erzielt. Laßt euch von klugen Männern beraten, die wissen, wie man Gold vermehrt. Ihre Erfahrung soll euch helfen, euer Kapital nicht in unsichere Projekte zu investieren.*«

Die fünfte Methode
Macht euer Heim
zu einer einträglichen Investition
(vgl. Hinweis Seite 65)

»Wenn ein Mann neun Zehntel seines Verdienstes für den Lebensunterhalt und Vergnügungen ausgibt und wenn er einen Teil dieser neun Zehntel für eine einträgliche Investition aufwenden kann, ohne sein Wohlergehen zu beeinträchtigen, dann wächst sein Vermögen um so schneller an.« So sprach Arkad zu seinen Studenten bei der fünften Lektion.

»Allzu viele unserer Männer in Babylon bringen ihre Familien in unschönen Vierteln unter. Sie zahlen geldgierigen Hausbesitzern hohe Mieten für Räume, in denen ihre Eheliebsten keinen Platz haben, die Blumen zu züchten, die das Herz einer Frau erfreuen, und in denen ihre Kinder keinen Platz zum Spielen finden und deshalb auf die schmutzigen Gassen ausweichen müssen.

Eine Familie kann das Leben nur dann in seiner ganzen Fülle genießen, wenn sie eigenen Grund und Boden besitzt, auf dem die Kinder spielen können und auf dem die Ehefrau Blumenbeete und einen Garten mit Kräutern anlegen kann, um mit diesen die Speisen zu würzen.

Einen Mann erfreut es, wenn er die Feigen von seinen eigenen Bäumen und die Trauben von seinen eigenen Weinstöcken pflücken kann. Er ist stolz darauf, ein eigenes Haus zu besitzen, um das er sich kümmern kann. Dies erfüllt ihn mit Selbstvertrauen und spornt ihn an, sich noch mehr zu bemühen. Deshalb empfehle ich, daß jeder Mann ein eigenes Dach für sich und seine Familie ins Auge fassen sollte.

Es übersteigt keineswegs die Fähigkeiten eines Mannes voller guter Absichten, ein eigenes Heim anzustreben. Hat nicht unser großer König die Stadtmauern von Babylon so großzügig angelegt, daß darin viel unbebautes Land zu höchst vernünftigen Preisen erworben werden kann?

Also sage ich euch, meine Studenten, daß die Geldverleiher die Wünsche der Männer, die für ihre Familien ein Grundstück suchen, um ein Haus darauf zu bauen, gerne erfüllen. Bereitwillig leihen sie euch Geld, damit ihr zu solch löblichen Zwecken den Ziegelbrenner und den Baumeister bezahlen könnt. Voraussetzung ist nur, daß ihr einen angemessenen Eigenanteil aufbringt, das heißt eine Summe bereitstellt, die ihr für diesen Zweck gespart habt.

Wenn das Haus gebaut ist, könnt ihr eure Raten bei

dem Geldverleiher mit der gleichen Regelmäßigkeit wie einst eure Mieten bezahlen. Da jede Zahlung eure Verschuldung gegenüber dem Geldverleiher verringern wird, habt ihr eure Schulden in ein paar Jahren beglichen.

Dann wird euer Herz mit Freude erfüllt sein, weil ihr mit gutem Recht ein wertvolles Grundstück besitzen werdet und eure einzige Belastung dabei die Steuerabgaben für den König darstellen.

Dann wird eure liebe Frau viel öfter zum Fluß gehen, um eure Kleider zu waschen, und wird jedesmal einen mit Wasser gefüllten Behälter aus Ziegenfell mitbringen, um ihre Pflanzen zu gießen.

Der Mann, der ein eigenes Haus besitzt, erfährt viele Wohltaten. Seine Lebenshaltungskosten werden dadurch stark gesenkt, und er verfügt jetzt über mehr Geld für Vergnügungen und die Erfüllung von Wünschen. Das also ist die fünfte Methode, um gegen eine leere Geldbörse anzugehen: *Schafft euch ein eigenes Heim an.*«

Die sechste Methode
Sichert euch ein Einkommen für die Zukunft

»Der Lebensbogen eines Menschen spannt sich von der Kindheit bis zum Alter. Das ist der Lebensweg, von dem niemand abweichen kann, es sei denn, die Götter rufen ihn vorzeitig in die andere Welt. Deshalb sage ich euch, *daß ein Mann Vorbereitungen für ein angemessenes Einkommen im Alter treffen und seine Familie absichern muß für den*

Fall, daß er vorzeitig ins Reich der Dunkelheit gerufen wird
und die Seinen nicht mehr unterstützen und trösten kann.
Diese Lektion soll euch lehren, für eine volle Geldbörse zu
sorgen, wenn die Zeit kommen wird, da ihr nicht mehr so
lernfähig seid.« So sprach Arkad am sechsten Tag zu seiner
Gruppe.

»Der Mann, der die Gesetze des Reichtums begriffen
hat und deshalb einen ständigen Vermögenszuwachs erlebt, sollte für die Zukunft vorsorgen. Er sollte gewisse Investitionen vornehmen, die für viele Jahre sicheren Ertrag
bringen, aber verfügbar sind, wenn die Zeit gekommen ist,
die er voller Weitsicht vorausgesehen hat.

Es gibt verschiedene Möglichkeiten, wie ein Mann
seine Zukunft absichern kann. Zum Beispiel kann er sich
ein Versteck suchen und dort einen geheimen Schatz ver-
graben. Aber es besteht die Gefahr, daß dieser, auch wenn
er noch so geschickt versteckt ist, Dieben in die Hände
fällt. Deshalb rate ich davon ab.

Ein Mann kann für diesen Zweck Häuser oder Länder-
reien kaufen. Wenn er sie in bezug auf Nutzen und Wert
für die Zukunft mit Bedacht auswählt, sind sie wertbe-
ständig und erzielen einen guten Ertrag oder Verkaufs-
preis.

Man kann auch dem Geldverleiher einen kleinen Betrag anvertrauen und diesen in regelmäßigen Abständen
erhöhen. Die Rendite, die hinzukommt, wird erheblich
dazu beitragen, daß die Summe anwächst. Ich kenne einen
Sandalenmacher namens Ansan, der mir vor kurzem berichtet hat, daß er wöchentlich während acht Jahren bei
seinem Geldverleiher zwei Silberstücke hinterlegte. Erst

vor kurzem hatte ihm der Geldverleiher eine Aufstellung gemacht, über die er sich sehr gefreut hat. Sein Kapital und der übliche Zins von einem Viertel für vier Jahre haben jetzt eine Gesamtsumme von 1040 Silberstücken ergeben.

Ich ermunterte ihn, weiterzumachen, und erklärte ihm, daß er, wenn er weiterhin zwei Silberstücke pro Woche einzahlte, nach zwölf Jahren viertausend Silberstücke ausgezahlt bekäme, womit er einen sorglosen Lebensabend verbringen könne.

Wenn eine solch kleine, regelmäßig durchgeführte Zahlung solch erfreuliche Ergebnisse bringt, *kann es sich niemand leisten, für sein Alter und seine Familie keine Vorsorge zu treffen, egal, wie einträglich seine Geschäfte oder Investitionen sein mögen.*

Ich würde gern noch mehr dazu sagen. Ich glaube fest daran, daß eines Tages kluge Männer einen Plan entwerfen, um eine Absicherung für den Todesfall zu schaffen. Ich stelle mir das so vor: Viele Männer zahlen regelmäßig eine kleine Summe ein, was mit der Zeit einen ansehnlichen Betrag ergibt, durch den die Familie des Einzahlers, wenn dieser von den Göttern abberufen wird, gesichert ist. Ich sehe dies als erstrebenswert an und würde es gerne empfehlen. Aber zur Zeit ist es nicht möglich, denn es müßte die Garantie gegeben sein, daß das Ganze so sicher wie der Thron des Königs ist. Aber eines Tages wird dieser Plan verwirklicht werden und sich als Segen für viele erweisen, denn bereits die erste kleine Zahlung wird dazu beitragen, daß für die Familie des Dahingeschiedenen eine ansehnliche Summe zusammenkommt und sie absichert.

Aber wir müssen uns auf die Gegenwart konzentrieren und nicht auf die Zukunft und jene Mittel und Methoden nutzen, die uns zur Erreichung unseres Ziels zur Verfügung stehen. Deshalb rate ich allen, daß sie mittels kluger und gut durchdachter Methoden finanzielle Vorsorge treffen. Denn eine leere Geldbörse ist eine Tragödie für einen Mann, der seinen Lebensunterhalt nicht mehr verdienen kann, oder für eine Familie, die ihr Oberhaupt verliert.

Das also ist die sechste Methode, um eine leere Geldbörse zu vermeiden. *Trefft rechtzeitig Vorsorge für die Bedürfnisse im Alter und für den Schutz eurer Familie.*«

Die siebte Methode
Verbessert euere Verdienstmöglichkeit

»Heute, meine Studenten, spreche ich mit euch über eine der wichtigsten Methoden, eine leere Geldbörse aufzufüllen. Aber ich rede nicht von Gold, sondern von euch selbst, den Männern in den bunten Gewändern, die ihr hier vor mir versammelt seid. Ich berichte euch von den Vorstellungen und vom Leben von Männern, die für oder gegen ihren Erfolg arbeiten.« So sprach Arkad am siebten Tag zu seinen Studenten.

»Vor kurzem kam ein junger Mann zu mir und bat mich um ein Darlehen. Als ich ihn fragte, wofür er es benötigte, beklagte er sich, daß er zu wenig verdiene, um seine Ausgaben bestreiten zu können. Daraufhin erklärte ich ihm, wenn es sich so verhielte, sei er für den Geldverleiher ein schlechter Kunde, da er aufgrund seines kärglichen Verdiensts nicht die Möglichkeit besitze, das Darlehen zurückzuzahlen.

›Du mußt mehr Geld verdienen‹, erklärte ich dem jungen Mann. ›Was unternimmst du, um mehr zu verdienen?‹ fragte ich ihn.

›Alles, was ich kann‹, erwiderte er. ›Innerhalb von zwei Monaten habe ich mich sechsmal an meinen Herrn gewandt und ihn gebeten, meinen Lohn zu erhöhen, aber ohne Erfolg. Ich kann nicht noch öfter zu ihm gehen, als ich es schon getan habe.‹

Vielleicht lächeln wir über seine Schlichtheit, aber er besaß eine der Grundvoraussetzungen, um seinen Verdienst zu erhöhen, denn er war von dem starken Wunsch beseelt, mehr zu verdienen, einem angemessenen und empfehlenswerten Wunsch.

Am Anfang jeglicher Erfüllung steht der Wunsch, der stark und fest umrissen sein muß. Allgemeine Wünsche sind aber nur verschwommene Sehnsüchte. Es hat wenig Sinn, wenn sich ein Mann ganz allgemein wünscht, reich zu werden. Wünscht er sich aber dagegen fünf Goldstücke, stellt dies einen greifbaren Wunsch dar, den er realisieren kann. Nachdem er sich fest vorgenommen hat, sich durch nichts davon abbringen zu lassen, fünf Goldstücke zu erlangen, kann er als nächstes ähnliche Wege beschreiten, um zehn, zwanzig Goldstücke, ja tausend, zu erhalten, und siehe da, binnen kurzem ist er ein reicher Mann. Da er gelernt hat, entschlossen seinen kleinen Wunsch zu realisieren, hat er die Voraussetzung geschaffen, einen größeren anzustreben. Das ist der Vorgang, durch den Reichtum angehäuft wird: zuerst in kleinen Beträgen und dann, wenn der Mann dazugelernt hat und besser mit Geld umgehen kann, in größeren.

Wünsche müssen einfach und konkret sein. Sollten es zu viele, zu verwirrende Wünsche sein oder sollten sie derart beschaffen sein, daß ein Mann sie nicht erfüllen kann, führen sie sich selbst ad absurdum.

So wie ein Mann sich in seinem Beruf vervollkommnet, so vervollkommnet er auch seine Fähigkeit, mehr zu verdienen. Zu jener Zeit, als ich noch ein kleiner Schreiber war, der mit dem Beschriften von Tontafeln ein paar Kupfermünzen verdiente, beobachtete ich, daß andere Arbeiter mehr arbeiteten als ich und besser bezahlt wurden. Deshalb nahm ich mir vor, daß mich niemand übertreffen würde, und fand in Kürze heraus, weshalb sie größeren Erfolg hatten als ich. Ich interessierte mich mehr für meine Arbeit, konzentrierte mich besser auf meine Aufgabe, zeigte mehr Ausdauer bei meinen Bemühungen, und siehe da, bald konnten nur noch wenige Männer mehr Tafeln in einem Tag beschriften als ich. Meine verbesserten Fertigkeiten wurden entsprechend schnell belohnt, ohne daß ich meinen Herrn sechsmal aufsuchen mußte, um ihn dazu aufzufordern.

Je mehr Wissen wir besitzen, desto mehr können wir verdienen. Der Mann, der versucht, sich in seinem Beruf zu perfektionieren, wird reichlich belohnt. Wenn er Handwerker ist, kann er versuchen, die Methoden und Instrumente jener zu erlernen, die sich auf diesem Gebiet schon ausgezeichnet haben. Wenn er im Bereich des Gesetzes oder der Heilkunst tätig ist, kann er mit anderen Vertretern seines Berufs Wissen austauschen und sich mit ihnen beraten. Übt er den Beruf des Händlers aus, befindet er sich wohl ständig auf der Suche nach besseren Waren zu niedrigeren Preisen.

Die Geschäfte verändern und verbessern sich ständig, weil kluge Köpfe versuchen, größere Fertigkeiten zu erlangen, um denen besser zu dienen, von deren Wohlwollen sie abhängen.

Deshalb fordere ich alle Männer auf, immer an vorderster Front zu stehen, wenn es um Fortschritt geht, nicht stillzustehen, sonst bleiben sie auf der Strecke.

Viele Dinge können das Leben eines Mannes mit wertvollen Erfahrungen bereichern. Wenn ein Mann etwas auf sich hält, sollte er folgende Regeln befolgen:

Er muß seine Schulden so schnell wie möglich begleichen, und er sollte darauf verzichten, Dinge zu erwerben, die er nicht bezahlen kann.

Er muß sich um seine Familie kümmern, so daß diese gut über ihn denkt und gut über ihn spricht.

Er muß sein Testament abfassen für den Fall, daß ihn die Götter unerwartet zu sich holen, damit sein Besitz ordnungsgemäß und gerecht verteilt wird.

Er muß Mitleid haben mit jenen, die geschwächt oder vom Unglück verfolgt sind, und ihnen im Rahmen vernünftiger Grenzen helfen. Er muß sich auch gegenüber jenen, die ihm am Herzen liegen, rücksichtsvoll verhalten.

So besteht also die siebte und letzte Methode, eine leere Geldbörse zu füllen, darin, eure eigenen Fähigkeiten zu entwickeln, zu lernen, klüger und geschickter zu werden und Achtung vor euch selbst zu entwickeln, um eure wohl-abgewogenen Wünsche zu verwirklichen.

Das also sind die sieben Methoden, um zu Vermögen zu gelangen. Aufgrund der Erfahrungen meines langen, erfolgreichen Lebens lege ich sie allen Männern ans Herz, die reich werden wollen.

In Babylon gibt es mehr Gold, als ihr, meine Studenten, euch vorstellen könnt. Es ist für alle genug vorhanden.

Also setzt diese Wahrheiten um, damit ihr zu Wohlstand gelangt, wie es euch zusteht.

Laßt es euch angelegen sein, diese Wahrheiten weiterzugeben, damit jeder ehrenwerte Untertan seiner Majestät ebenfalls mit vollen Zügen am unermeßlichen Reichtum unserer geliebten Stadt teilhaben kann.«

Anmerkung des Verlags zur deutschsprachigen Ausgabe:

»Die fünfte Methode« will sehr sorgfältig überlegt sein und kann nur dann empfohlen werden, wenn Sie bereits sicheren finanziellen Grund unter den Füßen haben. In Mitteleuropa kann ein Haus mehr Geld kosten, als es einbringt oder an Mietkosten einspart.

Begegnung
mit der Glücksgöttin

»Ist ein Mann einmal vom Glück begünstigt, läßt sich das mögliche Ausmaß seines Glücks nicht voraussagen. Stößt man ihn in den Euphrat, wird er höchstwahrscheinlich mit einer Perle in der Hand auftauchen.«

Babylonisches Sprichwort

Der Wunsch, glücklich zu sein, beseelt alle Menschen; er war damals vor viertausend Jahren im alten Babylon so stark wie in unserer modernen Zeit. Wir alle hoffen, von der launenhaften Glücksgöttin bedacht zu werden. Gibt es eine Möglichkeit, ihr zu begegnen und sie anzulocken, in den Genuß ihrer großzügigen Wohltaten zu gelangen, anstatt nur ihre wohlwollende Aufmerksamkeit zu erregen?

Gibt es eine Möglichkeit, das Glück an sich zu ziehen?

Genau das wollten die Männer im alten Babylon herausfinden. Sie waren gewitzt und scharfsinnig. Das erklärt, weshalb ihre Stadt die reichste und mächtigste der damaligen Zeit wurde.

Zu jener Zeit gab es noch keine Schulen oder Universitäten, aber immerhin bereits ein Zentrum des Lernens, das sehr praktisch ausgerichtet war. Zwischen den hohen Gebäuden Babylons stand ein Bauwerk, das genauso bedeutend war wie der Palast des Königs, die Hängenden Gärten oder der Tempel der Götter. Sie werden es wohl kaum in einem Geschichtsbuch finden; dabei übte es auf das Denken jener Zeit starken Einfluß aus.

Dieses Gebäude beherbergte den Tempel des Lernens, in dem das Wissen der Vergangenheit von ehrenamtlichen Lehrern weitergegeben wurde und wo Themen von allgemeiner Bedeutung in offenen Foren diskutiert wurden. In diesem Tempel waren alle Menschen gleich. Der einfachste Sklave konnte, ohne mit Bestrafung rechnen zu müssen, der Meinung eines Prinzen des Königshauses widersprechen.

Unter den vielen Männern, die den Tempel des Lernens besuchten, befand sich ein weiser reicher Mann namens Arkad, der als der reichste Mann von Babylon galt. Er besaß seine eigene Halle, in der sich fast jeden Abend eine große Gruppe von Männern, alten, sehr jungen, vor allem aber Männern in mittleren Jahren versammelten, um über Themen zu diskutieren, die sie bewegten. Blenden wir uns ein, um zu erfahren, ob diese Männer wußten, wie man das Glück anlockt:

Als sich Arkad zu seinem Rednerpult begab, konnte man durch den Dunst des Wüstensands die rotglühende Sonne untergehen sehen.

Bereits achtzig Männer kauerten auf ihren kleinen, auf dem Boden ausgebreiteten Teppichen. Und es trafen immer noch mehr ein.

»Worüber wollen wir heute abend diskutieren?« erkundigte sich Arkad.

Nach kurzem Zögern erhob sich, wie es Brauch war, ein hochgewachsener Tuchweber und ergriff das Wort. »Ich wüßte ein Thema, worüber ich gern diskutieren würde, zögere aber, es zu verraten, weil es dir, Arkad, und meinen lieben Freunden hier vielleicht lächerlich erscheint.«

Als aber Arkad und die anderen ihn aufforderten, ungeniert zu sprechen, fuhr er fort: »Heute ist mein Glückstag, denn ich habe eine Geldbörse voller Goldstücke gefunden. Aber ich habe den großen Wunsch, auch weiterhin vom Glück begünstigt zu werden. Da ich glaube, daß alle Menschen diesen Wunsch hegen, schlage ich vor, wir unterhalten uns darüber, wie man das Glück an sich ziehen kann und welche Möglichkeiten es gibt, dem Glück etwas nachzuhelfen.«

»Ein höchst interessantes Thema«, bemerkte Arkad, »über das zu diskutieren sich lohnt. Einige betrachten das Glück nur als Zufall, der uns ohne Zweck oder Grund widerfährt. Andere meinen, daß die Anstifterin allen Glücks unsere gütige Göttin Ashtar sei, die immer darauf bedacht ist, jene mit großzügigen Gaben zu überschütten, die ihr gefallen. Sprecht, meine Freunde, was meint ihr, sollen wir herauszufinden versuchen, ob es irgendwelche Mittel gibt, das Glück anzulocken, damit es jeden einzelnen von uns aufsucht?«

»Ja! Unbedingt«, antwortete die immer größer werdende Gruppe eifriger Zuhörer.

Daraufhin fuhr Arkad fort: »Um die Diskussion in Gang zu bringen, sollen zuerst jene unter uns Bericht erstatten, die ähnliche Erfahrungen gemacht haben wie der Tuchweber, das heißt, die ohne Anstrengung wertvolle Schätze oder Juwelen gefunden oder empfangen haben.«

Es herrschte Schweigen, und alle warteten, daß sich jemand zu Wort melden würde, aber vergeblich.

»Wie, kein einziger?« fragte Arkad verblüfft. »Dann ist diese Art von Glück wohl eine Seltenheit. Wer hat einen Vorschlag zu machen, an welchem Punkt wir mit unserer Suche beginnen sollen?«

»Ich«, meldete sich ein gutgekleideter junger Mann und erhob sich. »Wenn ein Mann von Glück spricht, richten sich dann seine Gedanken nicht automatisch auf die Spieltische? Versammeln sich nicht dort viele Männer, die um die Gunst der Göttin buhlen und hoffen, sie werde sie mit großem Gewinn beglücken?«

Als er wieder Platz genommen hatte, rief jemand: »Hör nicht auf, berichte weiter, ob dir die Göttin am Spieltisch gewogen war! Hat sie die Würfel mit der roten Seite nach oben gekehrt, so daß du dir auf Kosten des Spielveranstalters deine Geldbörse füllen konntest, oder hat sie die blaue Seite begünstigt, so daß dieser deine hart verdienten Silberstücke eingeheimst hat?«

Der junge Mann stimmte in das gutmütige Gelächter der anderen mit ein. Dann erwiderte er: »Ich gebe zu, daß sie meine Anwesenheit nicht einmal bemerkt hatte. Aber wie steht es mit euch? Seid ihr ihr an solchen Plätzen begegnet, und hat sie die Würfel zu euren Gunsten gerollt? Wir wollen es erfahren und daraus lernen.«

»Ein kluger Anfang«, lobte ihn Arkad. »Wir sind hier, um die Frage von allen Seiten zu beleuchten. Die Spieltische zu ignorieren hieße, einen Instinkt, den die meisten Männer besitzen, zu mißachten, den Spaß, mit ein paar Silbermünzen die Gelegenheit zu nutzen, vielleicht viel Gold zu gewinnen.«

»Das erinnert mich an die Pferderennen von gestern«, rief ein Zuhörer. »Wenn die Göttin es nicht für unter ihrer Würde hält, sich an den Spieltischen aufzuhalten, wird sie bestimmt auch nicht die Rennen verachten, wo die vergoldeten Wagen und die schnaubenden Pferde für prickelnde Aufregung sorgen. Arkad, sag uns ehrlich, hat sie dir gestern ins Ohr geflüstert, auf diese Schimmel aus Ninive zu wetten? Ich stand direkt hinter dir und traute meinen Ohren nicht, als ich hörte, daß du auf die Schimmel gewettet hast. Du weißt ebensogut wie wir, daß keine Pferde in ganz Assyrien unsere geliebten Füchse in einem Rennen schlagen können. Hat die Göttin dir deshalb geraten, auf die Schimmel zu setzen, weil der Rappe in der letzten Kurve strauchelte und mit unseren Jungs zusammenstieß? Dadurch haben die Schimmel das Rennen gewonnen und einen unverdienten Sieg eingeheimst.«

Arkad lächelte nachsichtig über diese Hänselei. »Welchen Grund haben wir, anzunehmen, daß die gute Göttin an unseren Pferdewetten interessiert sei? Für mich ist sie eine Göttin der Liebe und der Würde, deren Vergnügen darin besteht, jenen zu helfen, die in Not sind, und jene zu belohnen, die es verdienen. Ich suche sie nicht an den Spieltischen oder den Rennplätzen, wo die Männer mehr Gold verlieren als gewinnen, sondern an den Orten, wo Männer Tatkraft beweisen und eine Belohnung verdienen.

Der Mensch hat durch Ackerbau, ehrlichen Handel, ja alle möglichen Tätigkeiten, die Möglichkeit, Nutzen aus seinen Bemühungen zu ziehen. Vielleicht wird er nicht jedesmal den Lohn für seine Mühen ernten, da er sich ab und an in seinem Urteil irrt. Manchmal machen Wind und Wetter seine Anstrengungen zunichte. Doch wenn er beharrlich weitermacht, wird er gewöhnlich irgendwann Erfolg haben, denn auf die Dauer wird die Chance, daß er belohnt wird, immer wahrscheinlicher.

Aber wenn ein Mann sein Glück am Spieltisch versucht, verhält es sich umgekehrt, denn in diesem Fall steht das Glück auf der Seite des Spielveranstalters. Das Spiel ist nämlich so gestaltet, daß letztlich immer der Veranstalter der Gewinner ist, denn es ist sein Ziel, mit den von den Spielern eingegangen Wetten ein gutes Geschäft zu machen. Nur wenige Spieler erkennen, wie groß die Chancen des Veranstalters sind und wie gering ihre eigenen.

Betrachten wir zum Beispiel Wetten, die auf den Würfel gemacht werden. Bei jedem Wurf wetten wir, welche Seite oben sein wird. Ist es die rote, zahlt uns der Spielveranstalter den vierfachen Betrag unseres Einsatzes. Aber wenn eine andere der fünf Seiten oben liegt, verlieren wir unseren Einsatz. So zeigen die Zahlen, daß wir für jeden Wurf fünf Möglichkeiten haben zu verlieren. Im Laufe eines Abends kann der Spielveranstalter damit rechnen, ein Fünftel aller eingesetzten Münzen selbst einzukassieren. Kann ein Mann erwarten, mehr als nur gelegentlich zu gewinnen, wenn das Spiel so angelegt ist, daß er ein Fünftel seines Einsatzes verliert?«

»Aber trotzdem gewinnen manchmal einige Männer große Summen«, warf einer der Zuhörer ein.

»Ja, das stimmt«, fuhr Arkad fort. »Nachdem ich dies erkannt hatte, stellte sich mir die Frage, ob auf solche Weise erworbenes Geld dauerhaftes Glück bringen kann. Unter meinen Bekannten sind viele der erfolgreichsten Männer Babylons, doch keiner von ihnen hat seinen Erfolg auf einer solchen Grundlage begründet.

Ihr, die ihr heute abend hier versammelt seid, kennt viele unserer prominenten Bürger. Für mich wäre es von großem Interesse zu erfahren, wie viele unserer erfolgreichen Bürger ihren Erfolg dem Spieltisch verdanken. Kennen einige unter euch solche Persönlichkeiten?«

Nach längerem Schweigen sagte ein Spaßvogel: »Sind darin auch die Spielveranstalter mit eingeschlossen?«

»Sofern dir niemand anderer einfällt«, erwiderte Arkad. »Wenn niemand von euch einen solchen kennt; wie steht es dann mit euch selbst? Gibt es einige Dauergewinner unter uns, die zögern, eine solche Quelle ihres Einkommens zu empfehlen?«

Nach diesen herausfordernden Worten hörte man aus den hinteren Reihen ein Murren, das in Gelächter überging.

»Offenbar suchen wir das Glück nicht an den Plätzen, die von der Göttin besucht werden«, fuhr er fort. »Laßt uns deshalb andere Möglichkeiten erforschen. Wir haben unser Glück nicht durch das Auffinden einer verlorengegangenen Geldbörse gemacht, auch nicht an den Spieltischen gefunden, und bei Rennen habe ich persönlich mehr Geld verloren als gewonnen.

Befassen wir uns nun mit unserem Handel und unseren Geschäften. Ist es nicht so, daß wir, wenn wir ein einträgliches Geschäft abschließen, dies nicht als Glück betrachten, sondern als gerechte Belohnung unserer Anstrengungen? Ich meine, daß wir die Gaben der Göttin oft übersehen. Vielleicht hilft sie uns, ohne daß wir es merken. Wer kann noch etwas zur Diskussion beitragen?«

Daraufhin erhob sich ein älterer Kaufmann und glättete sein weich fließendes weißes Gewand. »Mit deiner Erlaubnis, höchst ehrenwerter Arkad, und eurer, meine lieben Freunde, habe ich einen Vorschlag zu machen. Wenn wir, wie ihr bereits gesagt habt, unseren eigenen Fleiß und unsere Fähigkeiten für unseren geschäftlichen Erfolg verantwortlich machen, warum berücksichtigen wir dann nicht auch die Erfolge, die wir fast errungen hätten, die uns aber entgangen sind, die Chancen, die höchst gewinnversprechend gewesen wären, sofern wir sie wahrgenommen hätten? Da dem aber nicht so war, können wir sie nicht als gerechte Belohnung betrachten. Gewiß haben viele der hier Anwesenden solche Erfahrungen aufzuweisen.«

»Das ist ein kluger Vorschlag«, stimmte ihm Arkad zu. »Wer von euch hatte das Glück in greifbarer Nähe, konnte es aber nicht festhalten?«

Viele Hände gingen in die Höhe, darunter auch die des Kaufmanns. Arkad bedeutete ihm mit einer Geste, zu sprechen. »Da der Vorschlag von dir stammt, sollst du auch als erster das Wort haben.«

»Ich werde euch gerne eine Geschichte erzählen«, begann er, »die beweist, wie nah das Glück kommen kann. Sie zeigt aber auch, wie töricht wir manchmal sind und es nicht beim Schopf ergreifen – was wir später natürlich bedauern.

Vor vielen Jahren, als ich noch ein junger Mann war, frisch verheiratet und am Beginn einer erfolgversprechenden Berufslaufbahn, suchte mich eines Tages mein Vater auf und drängte mich, eine Investition zu tätigen. Der Sohn eines guten Freundes von ihm war auf ein unbebautes Stück Land in der Nähe der äußeren Stadtmauern aufmerksam geworden. Es befand sich oberhalb des Kanals, wo kein Wasser verfügbar war.

Der Sohn des Freundes meines Vaters entwarf einen Plan für den Erwerb dieses Landes. Dort wollte er drei große, von Ochsen getriebene Schöpfräder bauen, um damit das lebensnotwendige Wasser für die die künftigen Bewohner und die Bewässerung des fruchtbaren Landes zu gewinnen. Danach wollte er das Land in kleine Parzellen aufteilen und diese an die künftigen Bewohner verkaufen.

Aber leider besaß er nicht genug Gold für ein solches Unternehmen. Wie ich war auch er ein junger Mann, der gut verdiente. Sein Vater stammte, genau wie meiner, aus einer großen, mittellosen Familie. Deshalb beschloß er, eine Gruppe von Männern für sein Projekt zu interessieren. Diese Gruppe sollte aus zwölf Männern bestehen, von denen jeder Geld verdienen und bereit sein mußte, ein Zehntel seines Verdiensts in das Projekt zu stecken, bis das Land verkauft werden konnte. Dann würden alle entsprechend ihrer Investition am Gewinn teilhaben.

›Du, mein Sohn‹, sprach mein Vater zu mir, ›bist jetzt ein junger Mann. Es ist mein inniger Wunsch, daß du dir ein ansehnliches Vermögen erwirbst und dir Achtung unter den Männern verschaffst. Ich möchte, daß du von der Erfahrung deines Vaters profitierst, der viele leichtsinnige Fehler begangen hat.‹

›Das wünsche ich mir von ganzem Herzen, Vater‹, erwiderte ich.

›Dann rate ich dir dringend, in dieses Projekt zu investieren. Tu das, was ich in deinem Alter hätte tun sollen. Spare ein Zehntel deines Verdiensts, und investiere es einträglich. Damit und mit dem daraus resultierenden Ertrag kannst du, bevor du mein Alter erreicht hast, ein schönes Vermögen ansammeln.‹

›Deine Worte zeugen von Weisheit, Vater. Ich wünsche

mir sehnlichst, reich zu werden. Doch ich habe viele Ausgaben, die meinen Verdienst aufbrauchen. Deshalb zögere ich, deinem Rat zu folgen. Ich bin jung und habe noch viel Zeit.‹

›So habe ich in deinem Alter auch gedacht, aber schau, viele Jahre sind verstrichen, und ich habe noch nicht einmal damit angefangen.‹

›Wir leben in einer anderen Zeit, Vater. Ich werde deine Fehler nicht wiederholen.‹

›Es bietet sich dir eine gute Gelegenheit, mein Sohn, sie gibt dir eine Chance, deinen Reichtum zu begründen. Ich bitte dich, zögere nicht. Geh morgen zum Sohn meines Freundes, und vereinbare mit ihm, daß du zehn Prozent deines Verdiensts in sein Projekt investieren wirst. Geh gleich morgen früh, denn die Gelegenheit verstreicht schnell. Deshalb beeile dich!‹

Trotz des Rats meines Vaters zögerte ich. Die Kaufleute hatten gerade schöne neue Gewänder aus dem Osten gebracht, Gewänder aus solch kostbaren Stoffen und von solcher Schönheit, daß meine liebe Frau und ich großes Verlangen danach hatten. Wenn ich mich einverstanden erklärte, ein Zehntel meines Verdiensts in das Projekt zu stecken, hätte dies bedeutet, daß wir auf dieses und andere Vergnügungen, die uns großen Spaß machten, verzichten mußten. Ich zögerte meine Entscheidung so lange hinaus, bis es zu spät war. Dies habe ich danach sehr bedauert, denn das Projekt erwies sich als noch einträglicher, als vorauszusehen gewesen war. Das ist meine Geschichte, die beweist, wie ich das Glück habe an mir vorbeiziehen lassen.«

»Diese Geschichte zeigt uns, daß *das Glück darauf war-*

tet, den zu beglücken, der die Gelegenheit nutzt«, bemerkte ein dunkelhäutiger Wüstensohn. »Der Vermögensaufbau hat immer einen Anfang. Das können ein paar Gold- oder Silbermünzen sein, die ein Mann von seinem Verdienst abzweigt und mit denen er seine erste Investition tätigt. Ich besitze viele Herden, habe damit als Junge angefangen, als ich für ein Silberstück ein Kalb erwarb. Dieser Anfang meines Reichtums spielte für mich eine große Rolle.

Der erste Schritt, den ein Mann unternimmt, um ein Vermögen aufzubauen, besteht darin, das Glück zu nutzen, das jeder haben kann. Für alle Männer spielt dieser erste Schritt eine große Rolle, denn dadurch werden sie von Männern, die sich durch ihre Arbeit ihren Verdienst erwerben, zu Männern, die aus den Erträgen ihres Goldes Einnahmen erzielen.

Einige ergreifen diese Chance schon in ihrer Jugend und haben deshalb größeren finanziellen Erfolg als jene, die sie erst später nutzen, oder gar jene Unglücklichen, wie der Vater dieses Kaufmanns, die sie nie zu nutzen wissen.

Hätte unser Freund, der Kaufmann, diesen Schritt als junger Mann getan, als sich ihm die Gelegenheit bot, würde er heute mit mehr irdischen Gütern gesegnet sein. Würde das Glück unseres Freundes, des Tuchwebers, ihn dazu bewegen, diesen Schritt nun zu tun, wäre dies der Auftakt für noch größeres Glück.«

»Danke! Ich möchte auch etwas dazu sagen.« Ein Fremder erhob sich. »Ich bin Syrer, beherrsche eure Sprache leider nicht sehr gut, möchte aber gern diesem Freund, dem Kaufmann, einen Namen geben. Vielleicht empfindet ihr die Bezeichnung als unhöflich, aber ich will ihn so nennen, denn ich kenne leider eure Bezeichnung nicht. Deshalb, meine Herren, sagt mir bitte, wie man einen Mann bezeichnet, der zögert, das zu tun, was gut für ihn wäre.«

»Zauderer«, rief eine Stimme.

»Das ist es!« rief der Syrer und fuchtelte aufgeregt mit den Händen. »Er ergreift nicht die Gelegenheit, wenn sie sich ihm bietet. Er wartet ab, sagt, ich habe im Augenblick viel zu tun. Ich melde mich. Aber die Gelegenheit wartet nicht, bis sich ein solch lahmer Kerl entschließt. Sie meint, wenn ein Mann Glück haben will, muß er schnell handeln. Jeder, der nicht schnell handelt, wenn sich die Chance bietet, ist ein großer Zauderer, wie unser Freund, dieser Kaufmann.«

Dieser erhob sich und verneigte sich gutmütig, nachdem die anderen sich auf seine Kosten amüsiert hatten. »Ich bewundere dich, Fremder, der du nicht zögerst, die Wahrheit auszusprechen«, sagte er schließlich, nachdem sich die allgemeine Heiterkeit gelegt hatte.

»Und nun wollen wir noch eine Geschichte hören. Wer kann uns ein weiteres Beispiel geben?« wollte Arkad wissen.

»Ich«, erwiderte ein Mann mittleren Alters in rotem Gewand. »Ich bin ein Aufkäufer, vor allem von Kamelen und Pferden, manchmal auch von Schafen und Ziegen. Die Geschichte, die ich erzählen will, handelt davon, wie sich mir eines Nachts eine Gelegenheit bot, als ich es am wenigsten erwartete. Vielleicht ließ ich sie deshalb verstreichen. Ihr sollt selbst darüber urteilen.

Nachdem ich eines Abends nach einer entmutigenden

zehntägigen Reise auf der Suche nach Kamelen zur Stadt zurückkehrte, stellte ich verärgert fest, daß die Stadttore geschlossen und verriegelt waren. Während meine Sklaven das Zelt für die Nacht aufschlugen – wir mußten sie mit wenig Nahrung und ohne Wasser verbringen –, trat ein älterer Bauer, der auch ausgeschlossen war, neben mich.

›Ehrenwerter Herr‹, wandte er sich an mich, ›deinem Aussehen nach bist du ein Kaufmann. Wenn dem so ist, würde ich dir gern die schöne Schafherde verkaufen, die ich gerade hierhergetrieben habe. Leider ist meine brave Frau sehr krank geworden, hat hohes Fieber, und ich muß eilends nach Hause. Kauf meine Schafe, damit wir, meine Sklaven und ich, schnell auf unsere Kamele steigen und ohne Zögern heimreiten können.‹

Es war so dunkel, daß ich die Herde nicht erkennen konnte, aber aus ihrem Blöken schloß ich, daß sie sehr groß sein mußte. Nachdem ich zehn Tage damit vergeudet hatte, nach Kamelen zu suchen, freute ich mich, mit ihm einen Handel abschließen zu können. Zudem machte er mir einen sehr anständigen Preis. Ich ging darauf ein, weil ich wußte, daß meine Sklaven am nächsten Morgen die Herde durch die Stadttore treiben und mit gutem Gewinn verkaufen würden.

Nachdem der Handel abgeschlossen war, befahl ich meinen Sklaven, Fackeln zu bringen, damit wir die Herde zählen konnten, denn der Bauer hatte behauptet, es seien neunhundert Schafe. Ich möchte euch, meine Freunde, nicht langweilen mit der Beschreibung der Schwierigkeiten, die es uns bereitete, so viele durstige, nervöse Schafe zu zählen. Deshalb erklärte ich dem Bauern frei heraus, daß die Schafe bei Tage zählen und ihn danach bezahlen würde.

›Bitte, höchst ehrenwerter Herr‹, flehte er, ›zahle mir nur zwei Drittel des Preises heute nacht, damit ich mich auf den Weg machen kann. Ich lasse dir meinen intelligenten, gebildeten Sklaven hier, damit er morgen früh mit dir die Schafe zählt. Er ist vertrauenswürdig, und du kannst ihm den Rest morgen früh bezahlen.‹

Aber ich war stur und weigerte mich, die Zahlung noch am gleichen Abend zu leisten. Am nächsten Morgen öffneten sich die Stadttore, noch bevor ich erwachte, und vier Käufer eilten heraus, auf der Suche nach Herden. Sie waren bereit, einen hohen Preis zu zahlen, da der Stadt eine Belagerung drohte und Nahrung knapp war. Der alte Bauer bekam für die Herde den dreifachen Preis, den er von mir verlangt hatte. Das war eine selten gute Gelegenheit, die ich mir habe entgehen lassen.«

»Das ist eine höchst ungewöhnliche Geschichte«, bemerkte Arkad. »Welche Weisheit enthält sie?«

»Die Weisheit, daß eine Zahlung sofort geleistet werden muß, wenn wir davon überzeugt sind, daß das entsprechende Geschäft gut ist«, schlug ein würdiger Sattelmacher vor. »Wenn das Geschäft vielversprechend scheint, muß man sich gegen die eigene Schwäche schützen. Wir Sterblichen sind unbeständig; wir sind leider schneller bereit, unsere Meinung zu ändern, wenn sie richtig ist, statt umgekehrt. Ist sie falsch, sind wir stur; ist sie richtig, können wir uns nicht entscheiden und lassen die gute Gelegenheit verstreichen. Das erste Urteil ist immer das beste. Aber es fiel mir schon immer schwer, zuzugreifen, wenn sich mir ein gutes Geschäft bot. Deswegen leiste ich jetzt, als Schutz gegen meine eigene Schwäche, immer sofort eine Anzahlung. Dies bewahrt mich davor, die verpaßte Gelegenheit später zu bereuen.«

»Danke! Ich würde gern noch etwas sagen.« Der Syrer hatte sich ein zweites Mal erhoben. »Diese Geschichten gleichen sich alle sehr; in ihnen allen verstreicht aus irgendeinem Grund eine gute Gelegenheit. Jedesmal bietet sich einem Zauderer eine gute Gelegenheit und eröffnet ihm ein gutes Geschäft. Jedesmal zögert dieser, sagt nicht, jetzt ist der beste Zeitpunkt dafür, ich entscheide mich schnell. Wie können die Männer auf diese Weise Erfolg haben?«

»Deine Worte sind weise, mein Freund«, erwiderte der Aufkäufer. »In diesen beiden Geschichten verpaßte ein Mann eine gute Gelegenheit, weil er zauderte. Aber das ist nicht ungewöhnlich. Alle Menschen neigen dazu zu zaudern. Wir alle wollen reich werden; doch wie oft, wenn sich die Gelegenheit bietet, führt dieses Zaudern zu zahlreichen Verzögerungen! Wenn wir uns nicht davon freimachen, werden wir selbst zu unserem ärgsten Feind.

In meinen jüngeren Jahren war mir der Begriff, den unser Freund aus Syrien ins Spiel gebracht hat, nicht bekannt. Anfangs nahm ich an, daß es an meinem schlechten Urteilsvermögen lag, daß ich mir so viele einträgliche Geschäfte entgehen ließ. Später schrieb ich es meiner Sturheit zu. Doch schließlich erkannte ich die Wahrheit – wo rasches Handeln angesagt war, zögerte ich unnötig lange, zauderte, anstatt schnell und entschlossen zu handeln. Wie haßte ich das, als ich es erkannt hatte! Mit der Bitterkeit eines einem Wagen vorgespannten Wildesels löste ich mich von diesem Feind, um den Weg des Erfolgs zu beschreiten.«

»Danke! Ich würde gern den Herrn Kaufmann etwas fragen«, sagte der Syrer. »Du trägst kostbare Gewänder, sprichst wie ein erfolgreicher Mann. Sag, achtest du darauf, wenn der Zauderer in dir spricht?«

»Wie unser Freund, der Aufkäufer, mußte auch ich mein Zaudern erkennen und bekämpfen«, erwiderte der Kaufmann. »Für mich war es ein Feind, der immer auf der Lauer lag und darauf wartete, meine Erfolge zu unterminieren. Die Geschichte, die ich erzählt habe, ist nur ein Beispiel von vielen, die beweisen, wie ich mir gute Gelegenheiten habe entgehen lassen. Wenn man es erst begriffen hat, ist es nicht schwierig, dagegen anzukämpfen. Kein Mann erlaubt einem Dieb freiwillig, seine Kornbehälter zu entwenden, oder läßt sich von seinem Feind seine Kunden abwerben und seine Gewinne nehmen. Als ich erkannt hatte, daß mein Feind sich so verhielt, bekämpfte ich ihn entschlossen. So muß jeder Mann sein Zaudern überwinden, bevor er erwarten kann, an den Reichtümern Babylons teilzuhaben.

Was sagst du dazu, Arkad? Da du der reichste Mann von Babylon bist, glauben viele, du seist auch der glücklichste. Stimmst du mir zu, daß jemand erst dann den Erfolg voll auskosten kann, wenn er sein Zaudern überwunden hat?«

»Es ist genau so, wie du sagst«, gab Arkad zu. »Im Laufe meines langen Lebens habe ich mehrere Generationen erlebt, die den Weg des Handels, der Wissenschaft und des

Lernens eingeschlagen haben, Wege, die gewöhnlich zum Erfolg führen. All diesen Männern bot sich eine günstige Gelegenheit. Einige davon ergriffen sie, was zur Folge hatte, daß ihre innigsten Wünsche erfüllt wurden, doch die meisten zögerten, schwankten und fielen auf ihrem Weg zum Erfolg zurück.«

Arkad wandte sich an den Tuchweber. »Du hast vorgeschlagen, wir sollten über das Glück diskutieren. Laß uns hören, wie du jetzt über das Thema denkst.«

»Ich sehe das Glück jetzt in einem anderen Licht. Ich hatte es mir als etwas höchst Wünschenswertes vorgestellt, das einem Mann in den Schoß fällt, ohne daß er sich zu anstrengen braucht. Aber aus unserer Diskussion habe ich gelernt: *Wenn man Glück erlangen möchte, muß man die sich bietenden Gelegenheiten nutzen.* Deshalb werde ich mich in Zukunft bemühen, solche Gelegenheiten beim Schopf zu packen.«

»Du hast begriffen, worum es in unserer Diskussion ging«, erwiderte Arkad. »Das Glück wird einem oft aufgrund einer guten Gelegenheit zuteil und selten auf andere Weise. Unser Freund, der Kaufmann, hätte sein Glück machen können, wenn er die Gelegenheit, die ihm die wohlwollende Göttin bot, ergriffen hätte. Ebenso hätte unser Freund, der Aufkäufer, das Glück genießen können, wenn er die Herde aufgekauft und sie mit gutem Gewinn weiterveräußert hätte.

Wir führen diese Diskussion, um nach Wegen zu suchen, das Glück zu finden. Ich glaube, wir haben es gefunden. Beide Berichte haben gezeigt, daß eine günstige Gelegenheit die Voraussetzung für das Zuteilwerden des

Glücks schafft. Darin liegt eine Wahrheit, die viele ähnliche Geschichten über das Glück, mit gutem oder schlechtem Ausgang, nicht ändern können. Die Wahrheit ist nämlich folgende: *Das Glück kann angelockt werden, wenn man die Gelegenheit nutzt.*

Jene, die begierig sind, die Gelegenheiten, die sich ihnen bieten, zu ergreifen, erwecken das Interesse der Glücksgöttin. Sie ist immer bereit, denen zu helfen, die ihr gefallen. Männer voller Tatkraft sagen ihr am meisten zu.

Denkt daran: Tatkräftiges Handeln bringt euch den gewünschten Erfolg.«

Das Glück liebt die Tatkräftigen!

Die fünf Gesetzmäßigkeiten des Goldes

Wenn ihr zwischen einem Beutel voller Gold und einer Tontafel, in die Worte der Weisheit geritzt sind, wählen könntet, wofür würdet ihr euch entscheiden?«

Im flackernden Licht des mit Wüstensträuchern entfachten Feuers verrieten die braungebrannten Gesichter der Zuhörer Interesse.

»Für das Gold!« riefen die siebenundzwanzig Männer im Chor.

Der alte Kalabab lächelte weise.

»Hört«, sagte er gebieterisch und hob die Hand. »Hört ihr die Wildhunde da draußen in der Nacht? Sie heulen und winseln, weil sie ausgehungert sind. Aber wenn man sie füttert, was geschieht dann? Sie kämpfen und stolzieren umher, verschwenden keinen Gedanken an das Morgen, das unweigerlich kommen wird.

Genauso verhält es sich mit den Menschen. Bietet man ihnen die Möglichkeit, Gold und Weisheit zu erlangen, was tun sie? Sie mißachten die Weisheit und verprassen das Gold. Am nächsten Morgen jammern sie, weil sie kein Gold mehr haben.

Das Gold ist denen vorbehalten, die seine Gesetze kennen und sich daran halten.«

Kalabab hüllte sich fester in sein weißes Gewand, denn es wehte ein kühler Nachtwind.

»Da ihr mir auf unserer langen Reise getreulich gedient

habt, euch gut um meine Kamele gekümmert habt und mit mir klaglos durch den heißen Wüstensand gezogen seid und tapfer die Diebe abgewimmelt habt, die meine Ware rauben wollten, verrate ich euch heute die fünf Gesetze des Goldes. Eine solche Geschichte habt ihr noch nie zuvor gehört.

Lauscht aufmerksam meinen Worten, denn wenn ihr ihre Bedeutung begreift und sie beachtet, werdet ihr in Zukunft viel Gold euer eigen nennen.«

Er schwieg, und alle waren beeindruckt. Am dunklen Himmelszelt leuchteten die Sterne über Babylon. Hinter der Gruppe der Männer erkannte man im Dämmerlicht ihre Zelte, die gegen Wüstenstürme festgepflockt waren. Neben den Zelten waren Waren aufgestapelt und mit Fellen bedeckt. Die Kamele hatten sich im Wüstensand verteilt; einige käuten gemächlich ihr Futter wieder, andere schnaubten unbehaglich.

»Du hast uns viele gute Geschichten erzählt, Kalabab«, ergriff der Hauptpacker das Wort. »Wir vertrauen deiner Weisheit, damit wir morgen, wenn unser Dienst bei dir zu Ende ist, wissen, wie es weitergeht.«

»Ich habe euch bisher nur von meinen Abenteuern in fremden, weit entfernten Ländern berichtet, aber heute abend werde ich euch mit der Weisheit von Arkad, dem weisen, reichen Mann vertraut machen.«

»Ja, wir haben schon viel über ihn gehört«, warf der Hauptpacker ein, »denn er war der reichste Mann, der je in Babylon gelebt hat.«

»Ja, er war der reichste Mann, und zwar deshalb, weil er so gut mit Gold umgehen konnte wie niemand vor ihm.

Heute abend erzähle ich euch von seiner großen Klugheit, wie ich es von Nomasir, seinem Sohn, vor vielen Jahren in Ninive erfahren habe.

Mein Herr und ich hatten uns bis in die späte Nacht im Palast von Nomasir aufgehalten. Ich hatte meinem Herrn geholfen, große Packen von kostbaren kleinen Teppichen in den Palast zu schleppen, die alle von Nomasir geprüft wurden, bis er die richtige Farbe gefunden hatte. Schließlich war er hochbefriedigt, lud uns ein, uns zu ihm zu setzen, und bot uns einen exzellenten Tropfen an, dessen köstliches Aroma in die Nase stieg und meinen Magen erwärmte, der an solche Getränke nicht gewöhnt war.

Dann erzählte er uns von der großen Weisheit seines Vaters Arkad.

Wie ihr wißt, ist es in Babylon Brauch, daß die Söhne reicher Leute bei ihren Eltern leben und darauf warten, deren Vermögen zu erben. Arkad gefiel dieser Brauch keineswegs. Deshalb bestellte er seinen Sohn Nomasir zu sich, als dieser das Mannesalter erreicht hatte, und sagte zu dem jungen Mann:

›Mein Sohn, es ist mein Wunsch, daß du mein Vermögen erbst. Aber zuerst mußt du beweisen, daß du fähig bist, klug damit umzugehen. Deshalb wünsche ich, daß du dich auf den Weg machst und deine Fähigkeit unter Beweis stellst, Gold zu erwerben und dir unter den Männern Achtung zu verschaffen.

Zur Unterstützung gebe ich dir die zwei Dinge mit, die mir als mittellosem jungem Kerl, der sich ein Vermögen aufbaute, nicht zur Verfügung standen.

Als erstes überreiche ich dir diese Tontafel, auf der die

fünf Gesetze des Goldes eingeritzt sind. Wenn du sie bei all deinen Handlungen beachtest, werden sie dir Befähigung und Sicherheit vermitteln.

Kehre nach zehn Jahren wieder in das Haus deines Vaters zurück, und erstatte ihm Bericht. Wenn du dich als würdig erweist, wirst du der Erbe meines Vermögens sein. Andernfalls gebe ich mein Gold den Priestern, damit sie dafür die Götter bitten, meiner Seele gnädig zu sein.‹

So brach Nomasir auf, um seinen Weg zu gehen. Er nahm seinen Sack mit Gold, die Tontafel, die er in ein Seidentuch gehüllt hatte, seinen Sklaven und Pferde mit.

Zehn Jahre vergingen, und Nomasir kehrte wieder, wie vereinbart, ins Haus seines Vaters zurück, der ihm zu Ehren ein großes Fest gab und viele Verwandte und Freunde dazu einlud. Nach Beendigung des Festes nahmen Vater und Mutter auf ihren thronähnlichen Sitzen in der Großen Halle Platz. Nomasir trat vor sie, um Bericht zu erstatten, wie er es seinem Vater versprochen hatte.

Es war Abend, und der Raum war erfüllt vom Rauch der Öllampen, die ihn nur spärlich erleuchteten. Sklaven in weißen Jacken und Gewändern fächelten mit langstieligen Palmblättern Kühlung. Nomasirs Gemahlin und seine beiden kleinen Söhne hatten auf kleinen Teppichen zusammen mit Freunden und anderen Familienmitgliedern Platz genommen und lauschten eifrig.

›Mein Vater‹, wandte sich Nomasir ehrerbietig an seinen Vater und sprach: ›Ich verneige mich vor deiner Weisheit. Als ich vor zehn Jahren ins Mannesalter kam, hast du mich gebeten, mich auf den Weg zu machen und mich unter Männern zu bewähren und nicht Vasall deines Vermögens zu bleiben. Du hast mich großzügig mit Gold und deiner Weisheit ausgestattet. Allerding muß ich leider gestehen, daß ich das Gold schlecht verwaltet habe. Es zerrann zwischen meinen unerfahrenen Händen wie Sand.‹

Der Vater lächelte nachsichtig. ›Fahr fort, mein Sohn, deine Geschichte interessiert mich in allen Einzelheiten.‹

›Ich beschloß, nach Ninive zu gehen, da diese Stadt florierte, und hoffte, daß sich mir dort günstige Gelegenheiten bieten würden. Ich schloß mich einer Karawane an und fand unter den Teilnehmern viele Freunde. Darunter waren auch zwei kultivierte Männer, die einen Hengst hatten, der so schnell wie der Wind war.

Während unserer Reise erzählten sie mir im Vertrauen, in Ninive lebe ein reicher Mann, der ein Pferd besitze, das so schnell sei, daß es noch nie geschlagen wurde. Sein Besitzer glaube, daß kein Pferd auf der weiten Welt schneller sei. Deshalb würde er jede Summe wetten, daß sein Pferd jedes andere in Babylon übertreffe. Im Vergleich zu ihrem Pferd, behaupteten meine Freunde, sei es aber nur ein schwerfälliger Gaul, der mit Leichtigkeit geschlagen werden konnte.

Sie boten mir als besondere Gefälligkeit an, mit ihnen an einer Wette teilzunehmen, worauf ich mich dann auch einließ. Aber unser Pferd wurde haushoch geschlagen, und ich verlor einen großen Teil meines Goldes.‹

Der Vater lachte. ›Später entdeckte ich‹, fuhr der Sohn fort, ›daß dies ein tückischer Plan der beiden Männer war, denn sie waren ständig mit Karawanen unterwegs und suchten sich unter den Teilnehmern ihre Opfer. Der Mann in Ninive war ihr Partner, der sich mit ihnen die Wetteinsätze, die sie gewannen, teilte. Diese perfide Täuschung lehrte mich meine erste Lektion.

Aber bald sollte ich meine zweite lernen, die genauso bitter war. Unter den Teilnehmern der Karawane befand sich ein anderer junger Mann, mit dem ich mich anfreundete. Er war der Sohn wohlhabender Eltern und wollte, genau wie ich, nach Ninive, um dort sein Glück zu suchen. Kurz nach unserer Ankunft berichtete er mir, ein Kaufmann sei gestorben und sein Geschäft mit einem großen Warenlager und Kundschaft könne zu einem Spottpreis erworben werden. Er sagte, wir könnten es uns als gleichwertige Partner teilen, aber zuerst müsse er nach Babylon zurückkehren, um dort sein Gold zu holen. In der Zwischenzeit verlasse er sich darauf, daß ich das Geschäft mit meinem Gold erwerbe. Er würde dann später seines investieren.

Er zögerte die Reise nach Babylon lange hinaus, erwies sich in der Zwischenzeit als unkluger Käufer und leichtsinniger Prasser. Schließlich, als das Geschäft immer schlechter lief, warf ich ihn hinaus, und weil wir nur unverkäufliche Waren und kein Geld hatten, weitere zu kaufen, veräußerte ich das Geschäft zu einem Schleuderpreis an einen Israeliten.

Es folgten bittere Tage. Ich suchte verzweifelt eine Anstellung und bekam keine, denn ich besaß keine Ausbildung, mit der ich mir meinen Lebensunterhalt hätte verdienen können. Zuletzt verkaufte ich meinen Sklaven, meine Pferde und meine Gewänder, um ein Dach über dem Kopf und etwas zu essen zu haben, aber meine Lage wurde mit jedem Tage hoffnungsloser.

In dieser schweren Zeit aber hielt ich mir immer dein Vertrauen in mich vor Augen, Vater. Du hast mich weggeschickt, damit ich ein Mann werde, und dieses Ziel wollte ich unbedingt erreichen.‹ Bei diesen Worten vergrub die Mutter ihr Gesicht in den Händen und weinte bitterlich.

›Ich erinnerte mich an die Tontafel, die du mir mitgegeben hattest und in die du die fünf Gesetze des Goldes eingeritzt hattest. Also nahm ich aufmerksam die Worte der Weisheit in mich auf und erkannte: Hätte ich mich zuerst um Weisheit bemüht, wäre mein Gold nicht verlorengegangen. Ich lernte jedes Gesetz auswendig und war entschlossen, wenn mir die Glücksgöttin noch einmal zulächelte, würde ich mich von der Weisheit des Alters leiten lassen und nicht von der Unerfahrenheit der Jugend.

Zum Wohle von euch allen, die ihr heute abend hier versammelt seid, will ich euch diese Gesetze, die mir mein Vater vor zehn Jahren anvertraut hatte, vortragen:

Die fünf Gesetze des Goldes

1. Das Gold fließt mühelos jenem Mann in reicher Fülle zu, der nicht weniger als ein Zehntel seines Einkommens zur Seite legt, um sich für die Zukunft für sich und seine Familie ein Vermögen zu schaffen.

2. Gold arbeitet sorgfältig und zufriedenstellend für den klugen Besitzer, der für es eine gewinnbringende Arbeit findet. Das Gold wird sich dann vermehren wie eine Herde auf der Weide.

3. Gold ist auf die Fürsorge des vorsichtigen Besitzers angewiesen, der es unter der Anleitung kluger, erfahrener Männer investiert.

4. Gold zerrinnt jenem Mann zwischen den Fingern, der es in Geschäfte oder Vorhaben investiert, die ihm nicht vertraut sind oder die erfahrene Männer mißbilligen.

5. Gold ist für denjenigen verloren, der es in unrealistische Vorhaben steckt oder auf die verlockenden Empfehlungen von Betrügern und Spekulanten hereinfällt oder es aufgrund seiner eigenen Unerfahrenheit und seiner romantischen Wünsche investiert.

Dies sind die fünf Gesetze des Goldes, wie sie mein Vater aufgeschrieben hat. Ich behaupte, sie sind wertvoller als das Gold selbst, wie ich euch gleich beweisen werde.‹

Er warf seinem Vater einen Blick zu. ›Ich habe dir gerade von meiner grenzenlosen Armut und Verzweiflung berichtet, in die ich aufgrund meiner Unerfahrenheit geraten war.‹

Aber auch das Unglück währt nicht ewig. Meines war zu Ende, als ich eine Gruppe von Sklaven beaufsichtigen sollte, die damit beauftragt waren, Arbeiten an der äußeren Stadtmauer zu verrichten.

In Befolgung des ersten Gesetzes des Goldes sparte ich von meinem ersten Verdienst eine Kupfermünze und fuhr so fort, bis ich ein Silberstück angespart hatte. Es ging sehr langsam, denn ich mußte ja auch leben. Ich gebe zu, daß ich nur murrend mein Geld ausgab, denn ich war entschlossen, noch vor Ablauf der zehn Jahre wieder soviel Gold verdient zu haben, wie du, mein Vater, mir mitgegeben hattest.

Eines Tages sagte der Sklavenaufseher, mit dem ich mich angefreundet hatte, zu mir: ›Du bist ein sparsamer junger Mann, der nicht sinnlos ausgibt, was er verdient. Hast du Geld auf die Seite gelegt, das aber keinen Ertrag bringt?‹

›Ja‹, erwiderte ich, ›denn es ist mein größter Wunsch, Gold anzuhäufen, um das wieder zu ersetzen, das ich eingebüßt habe.‹

›Das ist ein guter Vorsatz, das muß ich zugeben. Aber weißt du, daß das Gold, das du gespart hast, auch für dich arbeiten und deine Ersparnisse vergrößern kann?‹

›Nun, ich habe böse Erfahrungen gemacht, denn das Gold meines Vaters zerrann mir zwischen den Fingern, und ich habe Angst, es könnte mit meinem eigenen das gleiche geschehen.‹

›Wenn du mir vertraust, erteile ich dir eine Lektion darin, wie man Gold gewinnträchtig anlegt‹, erwiderte er. ›Im Laufe eines Jahres wird die äußere Mauer vollendet sein. Dann werden auf beiden Seiten große Bronzetore errichtet, um die Stadt vor den Feinden des Königs zu schützen. In ganz Ninive gibt es nicht genug Metall dafür, und der König hat dies nicht bedacht. Mein Plan ist folgender: Mehrere Männer legen ihr Gold zusammen und schicken eine Karawane zu den Kupfer- und Zinnminen, die weit entfernt sind, und holen dort das Metall für die Tore nach Ninive. Wenn der König sagt: ›Errichtet die großen Tore‹, können nur wir das Metall liefern, und er wird uns einen hohen Preis dafür bezahlen. Kauft uns der König das Metall nicht ab, können wir es immer noch zu einem guten Preis anderweitig verkaufen.‹

In seinem Angebot erkannte ich eine gute Gelegenheit, die im dritten Gesetz angesprochen wird, meine Ersparnisse unter der Leitung kluger Männer anzulegen. Ich sollte auch nicht enttäuscht werden, denn unser Unternehmen erwies sich als Erfolg, und mein kleiner Goldbestand wurde dadurch erheblich vergrößert.

Zusammen mit dieser Gruppe legte ich mein Gold auch in andere Projekte an. Es waren kluge Männer, die gut mit Gold umgehen konnten. Jeder Plan wurde sorgfältig untersucht, bevor man sich darauf einließ. Sie wollten nicht das Risiko eingehen, ihr Vermögen zu verlieren oder es in wenig erfolgversprechende Unternehmen zu stecken, von denen sich ihr Gold nicht mehr erholen konnte. Solche Dummheiten wie das Pferderennen und die Geschäftspartnerschaft, auf die ich mich in meiner Unerfahrenheit eingelassen hatte, hätten vor ihren kritischen Augen keine Gnade gefunden, und sie hätten mich sofort auf die Schwachpunkte hingewiesen.

Durch meine Verbindung mit diesen Männern lernte ich, Gold so anzulegen, daß es gute Erträge erbrachte. Mit den Jahren wuchs mein Vermögen immer mehr und immer schneller. Ich habe nicht nur das zurückbekommen, was ich eingebüßt hatte, nein, ich hatte meinen anfänglichen Goldbestand sogar beträchtlich vermehrt.

Durch mein Pech, meine Versuche und meine Erfolge angeregt, habe ich immer wieder die fünf Gesetze des Goldes erprobt und festgestellt, daß sie durch und durch richtig sind. Wer sie nicht kennt, hat wenig Chancen, zu Gold zu kommen, und wenn, dann verliert er es schnell wieder. Aber wer sich an die fünf Gesetze hält, besitzt große Chancen, Gold zu erwerben, das als ergebener Sklave für ihn arbeitet.‹

Nomasir beendete seinen Bericht und gab einem Sklaven im Hintergrund des Raums ein Zeichen. Dieser schleppte nacheinander drei schwere Ledersäcke herbei. Nomasir nahm einen davon und legte ihn auf den Boden vor seinen Vater und sprach:

›Du hast mir einen Sack Gold gegeben, Gold aus Babylon. Statt dessen gebe ich dir einen Sack mit Gold aus Ninive zurück, das genausoviel wiegt. Ein gerechter Austausch, wie alle erkennen werden.

Du hast mir eine Tontafel mitgegeben, die viel Weisheit enthält. Dafür gebe ich dir zwei Säcke Gold zurück.‹ Mit diesen Worten nahm er von dem Sklaven die beiden anderen Säcke entgegen und legte sie ebenfalls auf den Boden vor seinen Vater.

›Damit beweise ich dir, mein Vater, wieviel höher ich deine Weisheit schätze als dein Gold. Doch wer kann den Wert der Weisheit in Goldsäcken abmessen? Ohne Klugheit geht das Gold schnell verloren, aber mit Weisheit kann es von denen erlangt werden, die es nicht besitzen, wie diese drei Säcke Gold beweisen.

Es ist mir eine große Befriedigung, mein Vater, vor dir zu stehen und dir zu berichten, daß ich aufgrund deiner Weisheit reich geworden bin und mir die Achtung der Menschen erworben habe.‹

Der Vater legte liebevoll die Hand auf Nomasirs Kopf. ›Du hast deine Lektionen gut gelernt, und ich bin wirklich glücklich, einen Sohn zu haben, dem ich meinen Reichtum anvertrauen kann.‹«

Kalabab beendete seinen Bericht und musterte seine Zuhörer.

»Was sagt euch diese Geschichte von Nomasir?« fuhr er fort.

»Wer von euch kann vor seinen Vater treten oder den Vater seiner Gemahlin und diesem berichten, wie er weise mit seinem Verdienst umgegangen ist?

Was würden diese ehrenwerten Männer denken, wenn ihr sagen würdet: ›Ich bin viel herumgekommen, habe viel gelernt, viel gearbeitet und viel verdient, habe aber leider wenig Gold erworben. Einen Teil habe ich umsichtig verwendet, einen andern verpraßt, und einen großen Teil habe ich durch unsinnige Unternehmen eingebüßt.‹

Haltet ihr es immer noch für eine Laune des Schicksals, daß einige Männer viel Gold besitzen und andere gar keines? Dann irrt ihr euch.

Männer kommen in den Besitz von viel Gold, wenn sie die fünf Gesetzes des Goldes kennen und sie befolgen.

Da ich diese fünf Gesetze bereits in meiner Jugend lernte und sie beachtete, wurde ich ein reicher Kaufmann und habe meinen Reichtum nicht dank eines geheimnisvollen Zaubers erworben.

Reichtum, der einem schnell zufällt, verflüchtigt sich genauso schnell wieder.

Reichtum, der seinem Besitzer Freude und Befriedigung verschafft, stellt sich erst allmählich ein, denn er ist das Kind von Wissen und ständigem Bestreben.

Reichtum zu erwerben bedeutet für den bedächtigen Mann nur eine kleine Last. Aber wenn er die Last kontinuierlich von Jahr zu Jahr trägt, erreicht er schließlich sein Endziel.

Die fünf Gesetze des Goldes bieten euch reiche Belohnung, wenn ihr sie beachtet.

Jedes dieser fünf Gesetze ist von tiefer Bedeutung, und für den Fall, daß ihr dies bei meinem kurzen Bericht übersehen habt, werde ich sie jetzt wiederholen. Ich kenne sie alle auswendig, da ich schon in meiner Jugend ihren Wert erkannte und mich nicht eher zufriedengab, bis ich sie Wort für Wort hersagen konnte:

Das erste Gesetz des Goldes

Gold fällt jedem Mann in großer Menge in den Schoß, der nicht weniger als ein Zehntel seines Verdiensts zur Seite legt, um sich ein Vermögen für seine Zukunft und die seiner Familie aufzubauen.

»Jeder Mann, der konstant ein Zehntel seines Verdienstes spart und diese Summe klug anlegt, wird gewiß ein beträchtliches Vermögen aufbauen, das ihm in der Zukunft ein Einkommen sichern wird und Sicherheit für seine Familie bedeutet, wenn ihn die Götter in die Dunkelheit abrufen. Dieses Gesetz besagt auch, daß das Gold einem solchen Manne zufällt. Ich kann dies aus eigener Erfahrung bestätigen. Je mehr Gold ich anhäufte, desto bereitwilliger floß es mir zu, in immer größeren Mengen. Das Gold, das ich spare, vermehrt sich, genauso wie es eures tun wird, und der Ertrag davon bringt noch mehr ein, und genauso funktioniert unser erstes Gesetz.«

Das zweite Gesetz des Goldes

Das Gold arbeitet für den klugen Besitzer umsichtig und zufriedenstellend, wenn er es gewinnbringend nutzt und vermehrt wie die Herden auf den Weiden.

»Das Gold ist ein williger Arbeiter, der immer gern bereit ist, mehr zu arbeiten, wenn sich die Gelegenheit dazu bietet. Jedem Mann, der ein kleines Vermögen an Gold angehäuft hat, bietet sich die Gelegenheit für die bestmögliche Nutzung. Im Lauf der Jahre vermehrt es sich auf überraschende Weise.«

Das dritte Gesetz des Goldes

Gold hängt von der Fürsorge des vorsichtigen Besitzers ab, der es unter der Anleitung von Männern anlegt, die weise damit umgehen.

»Gold fließt dem achtsamen Besitzer zu, wie es dem achtlosen zwischen den Fingern zerrinnt. Der Mann, der den Rat jener sucht, die klug mit Gold umgehen, lernt bald, seinen Schatz nicht aufs Spiel zu setzen, sondern ihn zu hüten und befriedigt sein stetiges Wachsen zu genießen.«

Das vierte Gesetz des Goldes

Gold zerrinnt zwischen den Fingern jenes Mannes, der es in Geschäfte oder Unternehmen investiert, die ihm nicht vertraut sind oder die von erfahrenen Männern mißbilligt werden.

»Dem Manne, der Gold besitzt, aber keine Erfahrung hat, wie man damit umgeht, erscheinen viele Verwendungs-

möglichkeiten einträglich. Allzuoft jedoch besteht bei diesen die Gefahr des Verlustes, denn sie erweisen sich, wenn
sie gründlich von klugen Männern untersucht werden, als
wenig gewinnbringend. Deshalb stellt der unerfahrene
Besitzer von Gold, der seinem eigenen Urteil vertraut und
das Gold in Geschäfte oder Projekte investiert, von denen
er keine Ahnung hat, nur allzuoft fest, daß sein Urteil man-
gelhaft ist, und zahlt mit seinem Vermögen für seine Unerfahrenheit. Weise ist jedoch jener, der sich von klugen
Männern, die sich mit Gold auskennen, bei seiner Anlage
beraten läßt.«

Das fünfte Gesetz des Goldes

*Gold ist für jenen verloren, der es in unrealisti-
sche Vorhaben investiert, der dem verlockenden
Rat von Betrügern und Spekulanten folgt oder
der sich bei der Anlage von seiner eigenen Unerfahrenheit und von romantischen Wünschen leiten läßt.*

»Neuen Besitzern von Gold werden oft phantastische Vor-
schläge gemacht, die so aufregend wie Abenteuergeschich-
ten klingen. Der neuerworbene Schatz scheint mit Zau-
berkräften ausgestattet, wodurch er sich auf wunderbare
Weise vermehren soll. Doch haltet euch an den Rat weiser
Männer, denn sie kennen genau die Gefahren, die jedes
Projekt in sich birgt, das plötzlichen Reichtum verspricht.
Denkt an die reichen Männer von Ninive, die kein Ri-

siko eingingen, ihr Kapital zu verlieren oder in unrentable Anlagen zu stecken.

Hier endet mein Bericht über die fünf Gesetze des Goldes. Damit habe ich euch gleichzeitig die Geheimnisse meines eigenen Erfolgs verraten.

Doch es sind keine Geheimnisse, sondern Wahrheiten, die jeder Mann erst lernen und dann befolgen muß, wenn er sich von der Menge unterscheiden möchte, die wie junge Wildhunde jeden Tag ums tägliche Brot kämpfen muß.

Morgen begeben wir uns nach Babylon. Seht das ewige Feuer über dem Tempel von Bel. Wir befinden uns bereits in der Nähe der goldenen Stadt. Morgen werdet ihr Gold besitzen, das Gold, das ihr euch durch eure treuen Dienste redlich verdient habt.

Was werdet ihr in zehn Jahren aus diesem Gold gemacht haben?

Wenn es unter euch Männer gibt wie Nomasir, die mit einem Teil des Goldes den Grundstock für ihr Vermögen legen wollen und sich von Arkads Wissen weise leiten lassen werden, so erhalten sie die Chance, wie sein Sohn in zehn Jahren reich und respektiert zu sein.

Unsere klugen Handlungen begleiten uns durchs Leben, um uns zu helfen und zu erfreuen. Genauso begleiten uns unsere törichten Handlungen, um uns zu quälen und zu foltern. Leider können sie nicht ignoriert werden. An vorderster Front der Qualen stehen die Erinnerungen an die Dinge, die wir hätten tun sollen, und an die Gelegenheiten, die sich uns boten und die wir nicht genutzt haben.

Die Schätze von Babylon sind unermeßlich, sie lassen

sich nicht in Goldstücken ermessen. Jedes Jahr wachsen sie weiter an. Wie die Schätze in anderen Ländern stellen sie einen reichen Lohn dar, der jene entschlossenen Männer erwartet, die nicht bereit sind, sich ihren Anteil daran entgehen zu lassen.

In der Kraft eurer Wünsche liegt Zauberkraft.

Mit dieser und der Kenntnis der fünf Gesetze des Goldes werdet ihr an den Schätzen Babylons teilhaben.«

Der Goldverleiher von Babylon

Fünfzig Goldstücke! Noch nie zuvor hatte Rodan, der Speermacher des alten Babylon, so viel Geld in seinem Lederbeutel mit herumgetragen. Glücklich schlenderte er den Weg vom Palast des freigebigen Königs hinunter in die Stadt, und fröhlich klingelte das Gold, als der Beutel an seinem Gürtel hin- und herschwang. Es war die betörendste Musik, die er je gehört hatte.

Fünfzig Goldstücke! Und sie gehörten alle ihm! Er konnte sein Glück kaum fassen. Welche Macht lag doch in diesen klingenden Münzen! Sie konnten ihm alles verschaffen, was er sich wünschte – ein prachtvolles Haus, Land, Vieh, Kamele, Pferde, Wagen und noch vieles mehr.

Was sollte er mit dem Gold anstellen? Als er an diesem Abend in eine Seitengasse einbog, um seine Schwester zu besuchen, konnte er sich nichts vorstellen, was er lieber besäße, als diese glänzenden, schweren Goldstücke, die ihm jetzt gehörten.

Einige Tage später betrat eines Abends ein verwirrter Rodan das Geschäft von Mathon, dem Goldverleiher und Händler von Juwelen und kostbaren Stoffen. Er blickte weder nach links noch nach rechts, um die bunten, kunstvoll arrangierten Waren zu bewundern, sondern steuerte schnurstracks auf die Privaträume im Hintergrund des Ladens zu. Hier fand er den liebenswürdigen Mathon, der auf einem kleinen Teppich ruhte und gerade ein Mahl zu sich nahm, das ihm ein schwarzer Sklave servierte.

»Ich möchte mich gerne von dir beraten lassen, denn ich weiß nicht, was ich tun soll«, begrüßte ihn Rodan und pflanzte sich breitbeinig vor ihm auf.

Über Mathons schmales, bläßliches Gesicht huschte ein freundliches Lächeln. »Welche Unbesonnenheiten hast du begangen, daß du einen Goldverleiher aufsuchen mußt? Hattest du Pech am Spieltisch? Oder hat dich irgendein dralles Frauenzimmer in ihre Netze gelockt? Ich kenne dich schon viele Jahre, aber noch nie hast du mich aufgesucht, um dir in deinen Nöten helfen zu lassen.«

»Nein, nein. So ist es nicht. Ich suche kein Gold, sondern brauche unbedingt deinen weisen Rat.«

»Da schau an! Was du nicht sagst! Niemand wendet sich um Rat an den Goldverleiher. Meine Ohren spielen mir wohl einen Streich.«

»Nein, sie haben richtig gehört.«

»Ist das möglich? Rodan, der Speermacher, beweist mehr Verstand als alle anderen, denn er kommt zu Mathon, nicht wegen des Goldes, sondern wegen eines Rates. Viele Männer kommen zu mir wegen Gold, um ihre Dummheiten auszubügeln, aber meinen Rat wollen sie nicht. Doch wer kann besseren Rat erteilen als der Goldverleiher, zu dem viele Männer in Not kommen?

Du sollst mein Gast sein, Rodan«, fuhr er fort, »sollst heute abend mit mir speisen. Ando!« wies er den schwarzen Sklaven an, »hol einen Teppich für meinen Freund Rodan, den Speermacher, der meinen Rat wünscht! Er soll mein hochgeachteter Gast sein. Serviere ihm soviel Essen, wie er wünscht, und hole meinen größten Becher. Wähle dazu den besten Wein, damit er ihm mundet, und berichte mir, was dich beunruhigt, Rodan.«

»Das Geschenk des Königs.«

»Das Geschenk des Königs? Der König hat dir ein Geschenk gemacht, und das bereitet dir Kummer? Was ist es für ein Geschenk?«

»Da er so angetan war von dem Entwurf, den ich ihm für eine neue Speerspitze der königlichen Wache vorlegte, machte er mir fünfzig Goldstücke zum Geschenk, und jetzt bin ich ganz verwirrt. Ich werde jede Stunde, in der die Sonne ihre Bahn am Himmel zieht, von denen bedrängt, die es mit mir teilen möchten.«

»Das ist ganz normal. Viele Menschen streben nach Gold und wünschen sich jemanden, der vorbeikommt und es ihnen bringt. Aber kannst du nicht einfach ›nein‹ sagen? Ist dein Wille nicht so stark wie deine Faust?«

»Zu vielen kann ich nein sagen, aber manchmal wäre es einfacher, ja zu sagen. Kann man seine einzige Schwester ausschließen, der man tief verbunden ist?«

»Doch deine Schwester würde dich doch sicherlich nicht der Freude an deiner Belohnung berauben wollen?«

»Gewiß nicht, aber es geht in erster Linie um Araman, ihren Gatten, den sie gerne als reichen Kaufmann sehen würde. Sie hat das Gefühl, daß er nie eine Chance gehabt hat, und bedrängt mich, ihm dieses Gold zu leihen, damit er ein wohlhabender Kaufmann wird und mir das Geld später aus seinen Gewinnen zurückzahlt.«

»Mein Freund«, meinte Mathon, »du bringst hier ein

wichtiges Thema zur Sprache. Gold bedeutet für denjenigen, der es besitzt, Verantwortung und verändert seine Position gegenüber seinen Mitmenschen. Der Besitz dieses Edelmetalls ist auch mit der Angst verbunden, es zu verlieren oder durch List seiner beraubt zu werden. Es vermittelt seinem Besitzer ein Gefühl der Macht und eröffnet die Möglichkeit, Gutes zu tun. Ebenso bietet es ihm Gelegenheiten, bei denen ihn seine höchst löblichen Absichten in Schwierigkeiten bringen könnten.

Hast du schon einmal von dem Bauern von Ninive gehört, der die Tiersprache verstand? Ich glaube kaum, denn diese Art von Erzählungen sind nicht gerade das Lieblingsthema der Männer. Aber ich werde sie dir erzählen, denn du sollst wissen, daß das Borgen oder Verleihen von Gold mehr ist als die bloße Übergabe von Münzen von Mann zu Mann.

Dieser Bauer, der verstehen konnte, was die Tiere miteinander sprachen, lungerte abends im Hof herum, um ihnen zu lauschen. Eines Tages hörte er, wie der Ochse dem Esel sein hartes Los klagte: ›Ich rackere mich ab, ziehe von früh bis spät den Pflug, muß arbeiten, egal, wie heiß es ist, wie müde meine Beine sind oder wie sehr mir der Riemen in den Hals schneidet. Aber du bist ein Geschöpf des Müßiggangs. Man legt eine bunte Decke auf deinen Rücken, und du tust nichts anderes, als unseren Herrn dorthin zu tragen, wohin er will. Wenn er nirgendwohin will, erholst du dich und kaust den lieben langen Tag das grüne Gras.‹

Nun war aber der Esel trotz seines störrischen Gehabes ein gutmütiger Bursche und dem Ochsen gewogen. ›Mein lieber Freund‹, erwiderte er, ›du arbeitest sehr hart, und ich würde dir gerne dein Los erleichtern. Deshalb verrate ich dir, wie du dir vielleicht einen Ruhetag herausschinden kannst. Wenn dich morgens der Sklave vor den Pflug spannen will, leg dich auf die Erde und stöhne, so daß er annimmt, du seist krank und könnest nicht arbeiten.‹

Der Ochse folgte dem Rat des Esels, und am nächsten Morgen ging der Sklave zum Bauern und erklärte ihm, der Ochse sei krank und könne den Pflug nicht ziehen.

›Dann‹, sagte der Bauer, ›spann den Esel vor den Pflug, denn der Acker muß gepflügt werden.‹

So mußte der Esel, der lediglich seinem Freund hatte helfen wollen, den ganzen Tag die Arbeit des Ochsen verrichten. Als es Abend wurde und er vom Pflug losgebunden wurde, war sein Herz voller Bitterkeit, seine Beine waren schwer, und sein Hals war wundgerieben von dem Geschirr.

Der Bauer lauschte erneut im Hof den Tieren.

Der Ochse fing als erster zu reden an. ›Du bist wirklich ein guter Freund, denn aufgrund deines klugen Rats konnte ich einen Ruhetag genießen.‹

›Und ich‹, erwiderte der Esel, ›bin wie viele andere einfältige Gemüter, die im Grunde nur einem Freund helfen wollen und schließlich die Arbeit für diesen erledigen. Nun aber mußt du den Pflug wieder selbst ziehen, denn ich habe gehört, wie der Herr zum Sklaven sagte, er werde den Schlachter holen, wenn du erneut krank werden solltest. Ich wünschte mir, er täte es, denn du bist ein fauler Kerl.‹ Danach redeten sie nie wieder miteinander, und so war ihre Freundschaft beendet. Kannst du mir sagen, welche Moral diese Geschichte hat, Rodan?«

»Das ist eine gute Geschichte«, antwortete Rodan, »aber die Moral ist mir nicht klar.«

»Das habe ich mir fast gedacht. Aber sie ist ganz einfach: Wenn du einem Freund helfen willst, dann tu es so, daß du dir die Last deines Freundes nicht selbst aufhalst.«

»Daran hatte ich nicht gedacht. Es ist eine weise Moral. Ich will mir nicht die Lasten des Gatten meiner Schwester aufladen. Aber sag mir: Du verleihst doch an so viele Leute Geld. Zahlen sie es auch zurück?«

Ein wissendes Lächeln huschte über Mathons Gesicht, das seine langjährige Erfahrung verriet. »Ist ein Darlehen sinnvoll, wenn der Darlehensnehmer es nicht zurückzahlen kann? Muß nicht der Verleiher klug sein und sorgfältig abwägen, ob sein Gold bei dem Entleiher gut aufgehoben ist und er es wieder zurückbekommt oder ob es vergeudet ist, weil dieser es sinnlos verpraßt und folglich seine Schulden auch nicht zurückzahlen kann? Ich zeige dir die Pfandsachen in meiner Schatulle und erzähle dir einige Geschichten darüber.«

Er ließ eine Schatulle hereinbringen, die so lang wie sein Arm war. Sie war mit roter Schweinehaut geschützt und mit Mustern aus Bronze verziert. Er stellte sie auf den Boden, kauerte sich davor und legte die Hände auf den Deckel.

»Von jeder Person, der ich Geld borge, nehme ich ein Pfand für diese Schatulle entgegen, das hier aufbewahrt wird, bis das Darlehen getilgt ist. Dem gewissenhaften Entleiher, der seine Schuld bezahlt, gebe ich das Pfand zurück; tut er es nicht, erinnert mich sein Pfand immer daran, daß dieser Mann meines Vertrauens nicht würdig war.

Wie meine Pfandschatulle mir beweist, sind die sichersten Darlehensnehmer die, deren Besitztümer wertvoller sind als das gewünschte Darlehen. Sie besitzen Ländereien oder Juwelen oder Kamele oder andere Wertgegenstände, mit deren Erlös das Darlehen getilgt werden könnte. Einige der Pfandsachen, die mir übergeben werden, sind Juwelen, die wertvoller sind als das Darlehen selbst. Andere sind Versprechen, die besagen, daß mir falls das Darlehen nicht wie vereinbart zurückgezahlt wird, zum Ausgleich dafür ein gewisses Stück Land übergeben wird. Bei solch abgesicherten Darlehen weiß ich, daß es mit dem entsprechenden Ertrag zurückgezahlt wird, denn es ist durch das Grundstück oder die Juwelen abgesichert.

Eine andere Kategorie bilden jene Entleiher, die verdienen können. Es sind Leute wie du, die arbeiten oder dienen und dafür bezahlt werden. Sie haben ein Einkommen, und wenn sie ehrlich sind und ihnen kein Unglück widerfährt, weiß ich, daß sie das Gold, das ich ihnen leihe, zurückzahlen werden, ebenso den Ertrag, der mir zusteht. Solche Darlehen beruhen auf Vertrauen.

Dann gibt es noch jene, die weder durch Besitztum noch durch Verdienst abgesichert sind. Das Leben ist hart, und es gibt immer Menschen, die damit nicht zurechtkommen. Ich lasse mich trotzdem darauf ein, ihnen zu helfen, auch wenn die Erträge nur minimal sind, was mir meine Pfandschatulle in den nächsten Jahren bestimmt übelnehmen wird. Allerdings müssen für solche Darlehen gute Freunde des Entleihers geradestehen, die ihn als ehrenhaft kennen.«

Mathon ließ den Deckel los und öffnete ihn. Rodan beugte sich neugierig vor.

Obenauf lag eine Bronzehalskette auf einem scharlachroten Tuch. Mathon nahm sie aus der Schatulle und tätschelte sie liebevoll. »Dieses Pfand soll immer in meiner Schatulle bleiben, weil der Besitzer in die große Dunkelheit eingetaucht ist. Ich halte sein Pfand und die Erinnerung an ihn hoch in Ehren, denn er war mein Freund. Wir trieben mit großem Erfolg Handel miteinander, bis er sich aus dem Osten eine Braut holte. Sie war schön, aber sie war anders als unsere Frauen. Ein verwirrendes Geschöpf. Er gab sein Gold verschwenderisch aus, um all ihre Wünsche zu erfüllen. Als es verbraucht war, kam er verzweifelt zu mir. Ich beratschlagte mich mit ihm und versprach ihm, ich würde ihm dabei helfen, seine Angelegenheiten in Ordnung zu bringen. Er schwor beim Zeichen des Großen Bullen, daß er es tun würde. Aber es sollte nicht so weit kommen. Im Laufe eines Streits stieß ihm seine Frau das Messer in die Brust, und er ging in die Dunkelheit ein.«

»Und sie?« fragte Rodan.

»Natürlich gehörte die Kette ihr.« Er nahm das scharlachrote Tuch in die Hand. »Sie empfand tiefe Reue und warf sich in den Euphrat. Diese beiden Darlehen werden nie zurückgezahlt werden. Wie dir die Schatulle verrät, Rodan, bedeuten Menschen in den Fängen großer Gefühlswallungen keine Garantie für den Goldverleiher.

Schau, mit dem hier verhält es sich anders.« Er griff nach einem Ring aus Ochsenknochen. »Dieser hier gehört einem Bauern, dessen Frau ich die Teppiche abkaufte. Die Heuschrecken verwüsteten ihre Felder, und sie hatten nichts mehr zu essen. Ich half ihm, und als er wieder Korn erntete, beglich er seine Schulden bei mir. Später suchte er mich erneut auf und erzählte mir etwas von seltsamen Ziegen in einem fernen Land, von denen ihm ein Reisender berichtet hatte. Sie hatten lange, feine, weiche Wollhaare, so daß man daraus kleine Teppiche weben konnte, die schöner waren als alle, die je in Babylon gesehen wurden. Er wollte eine Herde kaufen, besaß aber kein Geld. So lieh ich es ihm, damit er die Reise machen und die Ziegen erwerben konnte. Nun hat er die Herde hierher gebracht, und nächstes Jahr werde ich die Herren von Babylon mit den teuersten Teppichen überraschen. Bald werde ich ihm seinen Ring zurückgeben müssen. Er besteht nämlich darauf, pünktlich zu zahlen.«

»Manche Entleiher tun das?« erkundigte sich Rodan.

»Wenn sie Geld für ein Projekt leihen, das ihnen Geld einbringt, tun sie es. Aber wenn sie sich Geld für leichtsinnige Unternehmungen leihen, muß man vorsichtig sein, wenn man jemals wieder sein Gold zurückerhalten möchte.«

»Erzähl mir mehr darüber«, bat ihn Rodan und nahm ein schweres Goldarmband in die Hand, das mit Juwelen in fremdartigen Mustern verziert war.

»Die Frauen sprechen meinen Freund an«, neckte ihn Mathon.

»Ich bin ja auch noch jünger als du«, konterte Rodan.

»Das gebe ich zu, aber dieses Mal vermutest du eine Romanze, wo keine ist. Die Besitzerin dieses Schmuckstücks ist fett und runzelig, spricht viel zu viel und sagt im Grunde so wenig, daß sie mich verrückt macht. Einst besaßen sie und ihre Familie viel Geld und waren gute Kunden von mir, aber dann ging es ihnen schlecht. Sie hat einen Sohn, aus dem sie gern einen Kaufmann machen möchte. So suchte sie mich auf und lieh sich Geld bei mir, damit er der Partner eines Karawanenhändlers werden konnte, der mit seinen Kamelen von Stadt zu Stadt zieht und in der einen das verkauft, was er in einer anderen aufgekauft hat.

Dieser Mann erwies sich als Betrüger, denn er ließ den armen Jungen in einer fremden Stadt ohne Geld und Freunde zurück und machte sich frühmorgens, als der Junge noch schlief, aus dem Staub. Vielleicht wird dieser Junge, wenn er erwachsen ist, seine Schulden zahlen, doch bis dahin bekomme ich keine Rendite für das Darlehen, nur viel Gerede. Aber ich muß zugeben, der Schmuck entspricht dem Wert des Darlehens.«

»Hat dich diese Dame um deinen Rat gebeten, dich gefragt, ob es klug sei, dieses Darlehen aufzunehmen?«

»Ganz im Gegenteil. Sie hat ihren Sohn bereits als wohlhabenden und einflußreichen Mann in Babylon gesehen. Hätte man ihr widersprochen, wäre sie wütend geworden. Aber ich mußte mich selbst tadeln, denn ich wußte, welches Risiko der unerfahrene Junge einging. Aber als sie mir ein Pfand anbot, konnte ich sie nicht abweisen.«

»Dies«, fuhr Mathon fort und schwenkte ein Stück verknotete Packschnur, »gehört Nebatur, dem Kamelhändler. Wenn er eine Herde kaufen möchte, die größer ist als sein

Kapital, bringt er mir diesen Knoten, und ich leihe ihm das Geld entsprechend seinen Bedürfnissen. Er ist ein umsichtiger Händler, und so habe ich Vertrauen in sein kluges Urteil und kann ihm unbesorgt Geld geben. Auch viele andere Kaufleute in Babylon besitzen wegen ihres ehrenhaften Verhaltens mein Vertrauen. Des öfteren übergeben sie mir ihre Pfandsachen, und ich gebe sie ihnen wieder zurück. Gute Kaufleute steigern das Ansehen unserer Stadt, und es nutzt auch mir, ihnen zu helfen, den Handel florieren zu lassen, damit Babylons Reichtum gesichert ist.«

Dann nahm Mathon einen türkisfarbenen Käfer aus der Schatulle und warf ihn verächtlich auf den Boden. »Ein Käfer aus Ägypten. Der Kerl, dem er gehört, schert sich den Teufel darum, ob ich mein Gold je zurückbekomme oder nicht. Wenn ich ihm Vorwürfe mache, erwidert er: ›Wie kann ich dir das Geld zurückzahlen, wenn mich das Unglück verfolgt? Du hast genug Geld.‹ Was soll ich tun? Das Pfand gehört seinem Vater – ein ehrenwerter Mann mit bescheidenen Mitteln, der sein Land und seine Herde verpfändete, um die Projekte seines Sohnes zu unterstützen. Der junge Mann hatte anfangs Erfolg, aber dann wollte er zu schnell reich werden. Er besaß zu wenig Erfahrung, und so scheiterten seine Unternehmungen.

Die Jugend ist ehrgeizig und möchte auf dem Weg zum Reichtum und den erstrebenswerten Dingen, die man sich damit leisten kann, lieber die Abkürzungen nehmen. Um schnell zu Wohlstand zu gelangen, leihen sich die jungen Leute oft unsinnig Geld. Da sie keine Erfahrung haben, können sie auch nicht erkennen, daß eine hoffnungslose

Verschuldung mit einer tiefen Grube vergleichbar ist, in die man schnell hinuntersteigt und sich dann viele Tage vergeblich bemüht, wieder herauszukommen. Es ist eine Grube der Sorgen und des Kummers, wo die Helligkeit der Sonne überschattet und die Nacht von Schlaflosigkeit geprägt ist. Aber ich ließ mich nicht entmutigen, Gold zu verleihen. Ich unterstütze es sogar und empfehle es, wenn es für eine gute Sache ist. Ich selbst heimste meinen ersten Erfolg als Kaufmann mit geborgtem Gold ein.

Aber was soll der Verleiher in einem solchem Fall tun? Der junge Mann ist verzweifelt und bringt nichts zustande. Er ist entmutigt und macht keine Anstrengungen, seine Schulden zurückzuzahlen. Innerlich widerstrebt es mir, seinen Vater seines Landes und seines Viehs zu berauben.«

»Du erzählst mir da viele Dinge, die mich sehr interessieren«, meinte Rodan, »aber du hast mir noch keine Antwort auf meine Frage gegeben. Soll ich meine fünfzig Goldstücke dem Gemahl meiner Schwester leihen? Die beiden bedeuten mir nämlich viel.«

»Deine Schwester ist eine lautere Frau, die ich sehr schätze. Sollte ihr Gemahl mich aufsuchen, um sich fünfzig Goldstücke zu leihen, würde ich ihn fragen, was er damit anfangen will.

Wenn er antwortete, daß er, genau wie ich, Kaufmann werden und mit Juwelen und kostbaren Möbeln handeln will, würde ich sagen: ›Was verstehst du von diesem Beruf? Weißt du, wo du am günstigsten einkaufen kannst? Und wo du zu einem anständigen Preis verkaufen kannst?‹ Würde er diese Fragen mit Ja beantworten können?«

»Nein, das könnte er nicht«, räumte Rodan ein. »Er ist mir oft beim Speeremachen zur Hand gegangen und hat mir bei einigen Geschäften ausgeholfen.«

»Dann würde ich ihm erklären, daß sein Vorhaben nicht klug sei, denn die Kaufleute müssen ihr Gewerbe erlernen. Sein Bestreben ist zwar lobenswert, aber nicht realistisch, und deshalb würde ich ihm kein Gold leihen.

Aber angenommen, er sagt: ›Ja, ich habe schon oft bei Kaufleuten ausgeholfen, und bin schon nach Smyrna gereist, um die kleinen Teppiche, die die Frauen weben, günstig einzukaufen, kenne auch viele der reichen Leute von Babylon, denen ich diese mit hohem Gewinn verkaufen kann.‹ Dann würde ich sagen: ›Deine Absicht ist klug und dein Bestreben ehrenwert. Ich leihe dir gerne die fünfzig Goldstücke, wenn du mir versichern kannst, daß du sie mir zurückbezahlst.‹ Wenn er aber sagen würde: ›Ich kann keine andere Sicherheit bieten als die, daß ich ein anständiger Mann bin und dir einen guten Ertrag für dein Darlehen zahle‹, würde ich antworten: ›Ich lege großen Wert auf meine Goldstücke. Würden es dir die Diebe auf deiner Reise nach Smyrna rauben oder deine kleinen Teppiche nach deiner Rückkehr, dann hättest du keine Möglichkeit mehr, deine Schuld zurückzuzahlen, und mein Gold wäre verloren.‹

Wie du siehst, Rodan, Verleihen ist einfach, aber wenn es ohne Vernunft geschieht, hat man Schwierigkeiten, sein Geld zurückzubekommen. Der kluge Verleiher will nicht das Risiko des Unternehmens auf sich laden, sondern er will die Garantie für eine ordnungsgemäße Rückzahlung erhalten.

Es ist richtig«, fuhr er fort, »jenen zu helfen, die in Not sind, oder jenen, denen das Schicksal übel mitspielt. Es ist auch richtig, denen zu helfen, die am Anfang stehen, damit sie Erfolg haben und wertvolle Bürger werden. Aber Hilfe muß mit Vernunft geleistet werden, sonst nehmen wir, wie der Esel des Bauern, in unserem Bestreben zu helfen die Last des anderen auf uns.

Ich bin schon wieder abgeschweift, Rodan, aber höre jetzt meine Antwort: Behalte deine fünfzig Goldstücke. Behalte das, was sie erwirtschaften, für dich; niemand kann dich zwingen, zu teilen, es sei denn, du willst es unbedingt. Wenn du es verleihen willst, damit es dir noch mehr Gold einbringt, dann tu dies mit Vorsicht und vor allem nicht nur an eine einzige Person. Ich mag kein müßiges Gold, noch weniger schätze ich es, ein zu großes Risiko einzugehen. Wie viele Jahre hast du als Speermacher gearbeitet?«

»Volle drei.«

»Wieviel hast du, abgesehen von dem Gold des Königs, gespart?«

»Drei Goldstücke.«

»Du hast jedes Jahr von deinem Verdienst ein Goldstück gespart und auf schöne Dinge verzichtet?«

»Genauso so ist es.«

»Dann könntest du in fünfzig Jahren fünfzig Goldstücke durch Verzicht sparen?«

»Es wäre die Arbeit eines Lebens.«

»Glaubst du im Ernst, es sei der Wunsch deiner Schwester, die Ersparnisse deiner fünfzigjährigen Arbeit über dem Bronzeschmelztiegel aufs Spiel zu setzen, nur damit sich ihr Gatte seinen Wunsch erfüllen kann, Kaufmann zu werden? – Ein sehr gewagtes Unterfangen!«

»Nicht, wenn ich mit deinen Worten spräche.«

»Dann suche sie auf, und sage zu ihr: ›Drei Jahre lang habe ich, außer den freien Tagen, jeden Tag von morgens bis abends geschuftet und auf viele Dinge verzichtet, die ich gerne gehabt hätte. Für jedes Jahr der Arbeit und des Verzichtes habe ich ein Goldstück gespart. Du bist meine geliebte Schwester, und ich will, daß dein Gemahl ein Geschäft in Angriff nimmt, bei dem er großen Gewinn macht. Wenn er mir einen Plan vorlegt, der vernünftig erscheint und den mein Freund Mathon für realisierbar hält, dann werde ich ihm gerne meine Ersparnisse eines Jahres leihen, damit er die Möglichkeit hat, zu beweisen, daß er Erfolg haben kann.‹ Mach es so, und wenn er das Zeug dazu hat, seinen Weg zu machen, kann er es beweisen. Wenn er scheitert, schuldet er dir nicht mehr, als er hoffen kann, dir eines Tages zurückzahlen zu können.«

Ich bin ein guter Goldverleiher, weil ich mehr Gold besitze, als ich bei meinem eigenen Geschäft benötige. Ich will, daß mein überschüssiges Gold für andere arbeitet und dadurch noch mehr Gold einbringt. Ich will aber nicht das Risiko eingehen, es zu verlieren, denn ich habe dafür hart gearbeitet und auf vieles verzichtet. Deshalb verleihe ich es nicht, wenn ich daran zweifle, daß es sicher angelegt ist und zurückbezahlt wird. Auch werde ich es nicht verleihen, wenn ich nicht davon überzeugt bin, daß mir die Erträge pünktlichst bezahlt werden.

Ich habe dir, Rodan, einige Geheimnisse meiner Pfandschatulle verraten. An ihr kannst du die Schwäche der

Männer erkennen und ihre Gier, sich Geld zu leihen, obwohl sie es oft nicht zurückzahlen können. Dies soll dir zeigen, wie oft ihre Hoffnungen, das große Geld zu verdienen, wenn sie das entsprechende Gold dafür hätten, lediglich Illusionen sind, für deren Erfüllung ihnen die Fähigkeit oder die Erfahrung fehlen.

Du, Rodan, bist im Besitz von Gold, das du so anlegen solltest, daß es dir noch mehr Gold einbringt. Du bist im Begriff, ein Goldverleiher zu werden wie ich. Wenn du deinen Schatz gut verwaltest, wird er dir guten Ertrag bringen und dein Leben lang eine reiche Quelle der Freude und des Gewinns darstellen. Aber wenn du es hergibst, wird es, solange du lebst, eine Quelle des Kummers und des Bedauerns sein.

Was ist dein innigster Wunsch, was aus dem Gold in deinem Beutel geschehen soll?«

»Ich will es vor allem in Sicherheit wissen.«

»Weise gesprochen«, erwiderte Mathon beifällig. »Dein erster Wunsch ist die Sicherheit. Glaubst du, daß es in der Obhut des Gemahls deiner Schwester wirklich vor möglichem Verlust geschützt wäre?«

»Ich befürchte nein, denn er kann nicht mit Gold umgehen.«

»Dann laß dich nicht von unangebrachtem Pflichtgefühl leiten, und vertraue deinen Schatz keinem anderen an. Wenn du deiner Familie oder deinen Freunden helfen möchtest, dann finde andere Möglichkeiten als die, den Verlust deines Vermögens zu riskieren. Vergiß nicht, daß das Gold demjenigen, der keine Erfahrung damit hat, ganz unverhofft wieder aus den Händen gleitet. So wenig wie du dein Gold für Extravaganzen ausgibst, vertrau es keinem anderen an, der es für dich aufs Spiel setzt. Was soll neben der Sicherheit sonst noch mit deinem Gold geschehen?«

»Ich hätte gern, daß es sich vermehrt.«

»Erneut sprichst du weise. Es sollte Gewinn bringen. Gold, das mit Bedacht verliehen wird, kann sich mit dem daraus resultierenden Ertrag sogar verdoppeln, bevor ein junger Mann wie du in die Jahre kommt. Wenn du seinen Verlust aufs Spiel setzt, riskierst du dabei natürlich auch die Rendite.

Laß dich deshalb nicht von den phantastisch erscheinenden Plänen unerfahrener Männer einlullen, die glauben, Möglichkeiten entdeckt zu haben, mit deinem Gold ungewöhnlich hohe Gewinne zu erzielen. Solche Pläne erwachsen der Phantasie von Träumern, die keine Ahnung haben von den sicheren, verläßlichen Gesetzen des Handels. Sei in deinen Gewinnerwartungen eher konservativ, damit du dein Vermögen behältst und dich daran erfreuen kannst. Wenn du es auf die Zusicherung hin verleihst, daß es Wucherrenditen einbringen wird, mußt du dich auf einen Verlust gefaßt machen.

Versuche, dich mit Männern zusammenzutun, die sich als erfolgreich erwiesen haben, damit dein Vermögen dank ihrer Weisheit und Erfahrung gesichert ist.

Geh dem Pech aus dem Weg, das oft den Söhnen von Männern anhaftet, die die Götter für würdig erachteten, ihnen Gold anzuvertrauen.«

Als Rodan dem Goldverleiher für seine weisen Ratschläge danken wollte, wehrte dieser ab und sagte: »Das

Geschenk des Königs wird dich mehr Weisheit lehren. Wenn du deine fünfzig Goldstücke behalten möchtest, mußt du besonnen sein, denn es wird viele Verlockungen geben, die dich in Versuchung bringen werden. Du wirst viele Ratschläge erhalten, viele Angebote unterbreitet bekommen, wie du damit großen Gewinn machen kannst. Die Geschichten, die sich um meine Pfandschatulle ranken, sollten dir als Warnung dienen. Bevor du deine Goldstücke ausgibst, solltest du überzeugt sein, daß du sie wieder zurückbekommst. Solltest du meinen Rat benötigen, kannst du mich jederzeit aufsuchen, denn ich erteile ihn dir von Herzen gern.

Bevor du gehst, solltest du lesen, was ich unter den Deckel meiner Pfandschatulle habe eingravieren lassen. Es gilt gleichermaßen für den Verleiher als auch für den Entleiher:

> **Vorsicht ist die Mutter der Porzellankiste.**

Die Mauern von Babylon

Der alte Banzar, ein ehemals grimmiger Krieger, stand Wache am Durchgangsweg, der hinauf zu den alten Mauern von Babylon führte. Da oben verteidigten tapfere Krieger, von denen das Fortbestehen dieser großen Stadt mit ihren Hunderttausenden von Bürgern abhing, die Mauern.

Über den Mauern erschollen das Gebrüll der angreifenden Armeen, die Schreie vieler Männer, der schwere Hufschlag Tausender von Pferden, das betäubende Dröhnen der Sturmböcke gegen die Bronzetore.

In der Straße hinter dem Tor lauerten die Speerwerfer, die bereit waren, den Eingang zu verteidigen, falls die Tore nachgeben sollten. Es waren jedoch nur sehr wenige. Die Hauptarmeen Babylons befanden sich mit ihrem König weit im Osten auf dem großen Feldzug gegen die Elamiten. Da sie während ihrer Abwesenheit mit keinem Angriff auf die Stadt gerechnet hatten, waren die Verteidigungskräfte sehr schwach. Unerwartet waren vom Norden die starken Heere der Assyrer eingefallen. Wenn die Stadtmauern nicht hielten, war Babylon verloren.

Um Banzar herum drängten sich Trauben von Bürgern, aschfahl und verängstigt, die unbedingt wissen wollten, wie die Schlacht verlief. Schweigend betrachteten sie den Strom der Verwundeten und Toten, die an ihnen vorbeigetragen wurden.

Hier war der Hauptangriffspunkt. Nachdem der Feind drei Tage lang die Stadt eingekreist hatte, sammelte er sich nun plötzlich vor diesem Tor.

Die Verteidiger auf den Stadtmauern wehrten die Sturmleitern mit Pfeilen und heißem Öl ab und bekämpften die Angreifer mit Speeren. Von den feindlichen Bogenschützen wurden sie mit einem tödlichen Hagel von Pfeilen überschüttet.

Der alte Banzar hatte einen günstigen Posten inne, von dem aus er den Verlauf des Kampfes aus nächster Nähe verfolgen konnte und es als erster erfuhr, wenn die wilden Angreifer abgewehrt wurden.

Ein älterer Kaufmann hatte sich neben ihn gestellt, seine Hände zitterten. »Sag mir, was los ist!« flehte er. »Sie dürfen nicht in die Stadt eindringen! Meine Söhne sind mit dem guten König gezogen. Es gibt niemanden, der mein altes Weib beschützen kann. O Gott, sie werden alles plündern, werden nichts von meinen Nahrungsvorräten übrig lassen. Wir sind zu alt, um uns zu verteidigen — und auch zu alt, daß man uns zu Sklaven macht. Wir werden verhungern, werden sterben. Sag mir, daß sie nicht eindringen können.«

»Beruhige dich, guter Mann«, erwiderte Banzar. »Die Mauern von Babylon sind stark. Kehr zu deinem Basar zurück, und sag deiner Gattin, daß die Mauern euch und euren Besitz genauso sicher schützen werden wie die Schätze des Königs. Halte dich dicht an die Mauern, damit die Pfeile über dich hinwegfliegen!«

Als sich der alte Mann auf den Weg machte, nahm eine Frau mit einem Baby im Arm seinen Platz ein. »Soldat, gibt es etwas Neues von den Zinnen? Sag mir die Wahrheit, damit ich meinen armen Mann beruhigen kann. Er liegt mit Fieber darnieder, eine Folge seiner schrecklichen Verwundung, aber er besteht darauf, seine Rüstung und seinen Speer zu behalten, um mich und mein ungeborenes Kind zu beschützen. Er sagt, die Rache unserer Feinde würde fürchterlich sein, wenn es ihnen gelänge, in unsere Stadt einzudringen.«

»Sei guten Mutes, gute Mutter, die Mauern von Babylon werden dich und deine Babies beschützen. Sie sind hoch und stark. Hörst du nicht die Schreie unserer tapferen Verteidiger, die die Kessel heißen Öls über den Köpfen der Feinde ausgießen?«

»Ja, ich höre sie, aber auch das Dröhnen der Sturmböcke, die gegen unsere Tore hämmern.«

»Kehr zu deinem Mann zurück, und erzähle ihm, daß die Tore stark sind und den Sturmböcken widerstehen; sag ihm auch, daß die Feinde die Sturmleitern hochklettern, aber von unseren Speeren durchbohrt werden. Eile nach Hause, gute Frau.«

Banzar trat zur Seite, um den Weg für stark bewaffnete Verstärkungen frei zu machen. Als die Männer mit ihren klirrenden Bronzeschilden und schweren Tritten vorbeizogen, zupfte ihn ein kleines Mädchen am Gürtel.

»Sag, Soldat, sind wir sicher?« fragte sie ihn flehentlich. »Ich höre die schrecklichen Geräusche, sehe die blutenden Männer. Ich habe so große Angst. Was wird aus unserer Familie, meiner Mutter, meinem kleinen Bruder und dem Baby werden?«

Der alte Kämpfer blinzelte und schob energisch das

Kinn vor, als er die Hand auf den Kopf des kleinen Kindes legte.

»Hab keine Angst, Kleine«, beruhigte er sie, »die Mauern von Babylon werden dich, deine Mutter, deinen kleinen Bruder und das Baby beschützen. Die gute Königin Semiramis hat diese Mauern vor hundert Jahren zum Schutz von Menschen wie euch erbauen lassen. Noch nie sind sie bezwungen worden. Geh nach Hause, und berichte deiner Mutter, deinem kleinen Bruder und dem Baby, daß die Mauern von Babylon sie beschützen werden und sie keine Angst zu haben brauchen.«

Der alte Banzar stand Tag für Tag auf seinem Posten und beobachtete, wie die Verstärkungen den Weg zu den Mauern hochmarschierten, dort kämpften, bis sie verwundet oder tot wieder an ihm vorbeikamen. Um ihn herum scharten sich die verängstigten Bürger, die wissen wollten, ob die Mauern dem Ansturm standhalten konnten. Allen antwortete er mit der Würde eines alten Soldaten: »Die Mauern von Babylon werden euch beschützen.«

Der Angriff tobte drei Wochen und fünf Tage lang mit ungebrochener Heftigkeit. Banzars Miene wurde immer grimmiger und härter, als sich der Weg, der vom Blut der vielen Verwundeten getränkt war, durch die ungezählten Schritte der Männer, die kampfentschlossen zu den Mauern hochzogen und ermattet wieder zurückkehrten, in Morast verwandelte. Jeden Tag stapelten sich die Leichen der niedergemetzelten Angreifer vor den Stadtmauern. Jede Nacht wurden sie von ihren Kameraden abgeholt, um begraben zu werden.

In der fünften Nacht der vierten Woche verstummte plötzlich der Lärm. Das erste Tageslicht, das über die Ebene fiel, offenbarte große Staubwolken, die die Armeen der abziehenden Feinde aufwirbelten.

Die Verteidiger stießen einen lauten Schrei aus, der unmißverständlich war. Er wurde von den wartenden Truppen hinter den Mauern und den Bürgern wiederholt und erfaßte die Stadt wie ein Sturmwind.

Die Menschen eilten aus den Häusern. Die beklemmende Angst vieler Wochen entlud sich in einem wilden Freudengeheul. Vom hohen Turm des Tempels von Bel loderten die Flammen des Siegs. Die blaue Rauchfahne erhob sich himmelwärts, um die Botschaft in alle Winde zu verbreiten.

Die Mauern von Babylon hatten wieder einmal einen mächtigen, hinterhältigen Feind abgewehrt, der entschlossen war, die reichen Schätze zu plündern und die Bürger zu schänden und zu versklaven.

Babylon überdauerte die Jahrhunderte, weil es *voll und ganz geschützt* war. Etwas anderes konnte es sich auch nicht leisten.

Die Mauern von Babylon illustrierten hervorragend das Bedürfnis und den Wunsch des Menschen nach Schutz. Dieser Wunsch ist ein Urbedürfnis des Menschen. Er ist heute genauso stark wie früher, aber wir haben ausgefeiltere und bessere Pläne entwickelt, um diesen Schutz zu gewährleisten.

Heute können wir uns hinter den undurchdringlichen Mauern der Versicherungen, Sparkonten und sicheren

Anlagen gegen die unerwarteten Tragödien schützen, die
jeden treffen können.

> Wir können es uns nicht
> leisten, ohne angemessene Absicherung
> und ohne Schutz zu leben.

Der Kamelhändler von Babylon

Je hungriger man ist, desto schärfer arbeitet der Verstand – und desto empfänglicher wird man auch für köstliche Essensgerüche.

Tarkad, der Sohn von Azure, war zweifellos dieser Meinung. Zwei Tage lang hatte er außer zwei kleinen Feigen, die er in einem fremden Garten gestohlen hatte, nichts mehr zu sich genommen. Er wollte sich gerade eine weitere Feige holen, als die zornige Hausfrau herausstürzte und ihn die Straße hinunterjagte. Als er über den Marktplatz ging, hatte er immer noch ihr schrilles Gekeife im Ohr. Das hielt ihn davon ab, sich hie und da eine verlockende Frucht aus dem Korb der Marktfrauen zu stibitzen.

Nie zuvor war ihm so bewußt geworden, wieviel Nahrungsmittel auf den Markt von Babylon gebracht wurden und welch verlockende Düfte sie verbreiteten. Dann ließ er den Marktplatz hinter sich und steuerte die Schenke an, vor der er auf und ab ging. Vielleicht traf er hier einen Bekannten, von dem er sich eine Kupfermünze leihen konnte, die dem unfreundlichen Wirt ein Lächeln entlocken und ihm zu einer Mahlzeit verhelfen würde. Ohne eine solche Münze würde er mehr als unwillkommen sein.

Da er so in Gedanken versunken war, bemerkte er nicht, daß er plötzlich dem Mann gegenüberstand, dem er am wenigsten begegnen wollte – der hohen knochigen

Gestalt von Dabasir, dem Kamelhändler. Von allen Freunden und Bekannten, die ihm kleine Beträge geliehen hatten, fühlte er sich gegenüber Dabasir am unbehaglichsten, da er sein Versprechen, ihm den Betrag unverzüglich zurückzuzahlen, nicht hatte halten können.

Dabasirs Gesicht erhellte sich bei seinem Anblick. »Ha! Da ist ja Tarkad, genau der Mann, den ich suche, damit er mir die zwei Kupfermünzen zurückzahlt, die ich ihm vor einem Monat geliehen habe, sowie die Silbermünze, die ich ihm davor gegeben hatte. Ich treffe dich im richtigen Augenblick, denn gerade heute kann ich die Münzen gut gebrauchen. Nun, wie sieht's aus, Junge?«

Tarkad brummelte etwas vor sich hin und wurde puterrot. Da er nichts im Magen hatte, fühlte er sich dem freimütigen Dabasir nicht gewachsen. »Es tut mir unendlich leid«, murmelte er leise, »aber ich habe weder die Kupfermünzen noch das Silberstück, die ich dir schulde, bei mir.«

»Dann hol sie«, drängte ihn Dabasir. »Du kannst doch wohl ein paar Kupfermünzen und ein Silberstück auftreiben, um die Großzügigkeit eines alten Freundes deines Vaters zu belohnen, der dir geholfen hat, als du in Not warst.«

»Da ich vom Pech verfolgt bin, kann ich nicht zahlen.«

»Pech! Willst du die Götter für deine eigene Schwäche verantwortlich machen? Das Pech verfolgt jeden Mann, der seine Gedanken darauf konzentriert, wie er sich etwas leihen, anstatt darauf, wie er seine Schulden zurückzahlen kann. Begleite mich, Junge, damit ich einen Bissen zu mir nehmen kann, und ich werde dir eine Geschichte erzählen.«

Tarkad zuckte unter der brutalen Offenheit Dabasirs zusammen, aber zumindest bot sich ihm jetzt eine Möglichkeit, in die Schenke zu gelangen.

Dabasir bugsierte ihn in eine entfernte Ecke, wo sie auf kleinen Teppichen Platz nahmen.

Als Kauskor, der Inhaber, sich lächelnd an Dabasir wandte, sagte dieser in seiner ungenierten Art zu ihm: »Du fette Wüstenechse, bring mir eine Hammelkeule, schön braungebraten mit viel Sauce, und Brot und viel Gemüse, denn ich bin hungrig und möchte ein kräftiges Mahl. Vergiß auch nicht meinen Freund hier, und bring ihm einen Krug gekühlten Wassers, denn es ist heute sehr heiß.«

Tarkad verließ der Mut. Mußte er hier sitzen und Wasser trinken und zusehen, wie der Mann eine ganze Hammelkeule verschlang? Er schwieg jedoch, denn es fiel ihm nichts ein, was er hätte sagen können. Aber für Dabasir war Schweigen ein Fremdwort. Er lächelte den anderen Gästen, die er alle kannte, fröhlich zu und fuhr fort.

»Ein Reisender, der gerade aus Urfa zurückgekommen ist, erzählte mir von einem reichen Mann, der ein Stück Stein so dünn schneiden ließ, daß man durchsehen kann. Er installierte es als Schutz gegen den Regen in das Fenster seines Hauses. Der Reisende berichtete, daß es gelb war. Er durfte hindurchsehen, und die Außenwelt sah dadurch seltsam und unwirklich aus. Was sagst du dazu, Tarkad? Glaubst du, die Welt könnte einem Mann anders erscheinen, als sie ist?«

»Das würde ich durchaus sagen«, antwortete der junge Mann, dessen Interesse mehr von der knusprigen Hammelkeule gefesselt war, die Dabasir gerade serviert wurde.

»Nun, ich weiß, das stimmt, denn ich selbst habe die Welt in einer Farbe gesehen, die nicht der Wirklichkeit entspricht, und die Geschichte, die ich dir erzählen will, wird zeigen, wie ich sie wieder im richtigen Licht gesehen habe.«

»Dabasir erzählt eine Geschichte«, flüsterte ein Gast einem anderen zu und rückte seinen Teppich näher. Auch andere Gäste nahmen ihre Mahlzeiten und bildeten einen Halbkreis um ihn. Alle labten sich an ihren Speisen, nur Tarkad nicht. Dabasir bot ihm nicht an, sein Essen mit ihm zu teilen, gönnte ihm nicht einmal eine Kante des harten Brotes, das heruntergefallen war.

»Die Geschichte, die ich erzählen will«, begann Dabasir und hielt kurz inne, um ein saftiges Stück von der Keule abzubeißen, »handelt in meiner Jugend, der Zeit, als ich Kameltreiber wurde. Wußtet ihr eigentlich, daß ich Sklave in Syrien war?«

Die Zuhörer murmelten überrascht, was Dabasir mit Genugtuung zur Kenntnis nahm.

»Als ich ein junger Mann war«, fuhr Dabasir fort, nachdem er sich erneut an dem Fleisch gütlich getan hatte, »erlernte ich den Beruf meines Vaters, Sattelmacher. Ich arbeitete mit ihm zusammen und nahm mir eine Frau. Da ich noch jung und unerfahren war, verdiente ich nur wenig. Es reichte gerade, um meine wunderbare Gattin bescheiden zu unterhalten. Ich sehnte mich nach schönen Dingen, die ich mir nicht leisten konnte. Bald fand ich heraus, daß die Ladenbesitzer das Vertrauen in mich hatten, daß ich später bezahlen würde, obwohl ich damals kein Geld hatte.

Da ich noch jung und unerfahren war, wußte ich nicht, daß derjenige, der mehr ausgibt, als er verdient, den Wind unsinniger Genußsucht sät und später Stürme aus Ärger und Demütigung erntet. So gab ich meiner Leidenschaft für schöne Kleidung nach und kaufte Luxusgüter für meine liebe Frau und unser Haus, die weit über unsere Möglichkeiten hinausgingen.

Ich zahlte, so gut ich konnte, und eine Weile ging alles gut. Aber nach einiger Zeit stellte ich fest, daß mein Verdienst nicht ausreichte, um meinen Lebensunterhalt zu bestreiten und auch noch die Schulden zu tilgen. Gläubiger bedrängten mich, damit ich meine extravaganten Käufe bezahlte, und so ging es allmählich bergab mit mir. Ich lieh mir Geld bei Freunden, konnte aber meine Schulden bei ihnen ebensowenig begleichen. Mein Leben verschlechterte sich immer mehr. Meine Gattin kehrte zu ihrem Vater zurück, und ich beschloß, Babylon zu verlassen und mir eine andere Stadt zu suchen, in der ein junger Mann bessere Chancen hätte.

Zwei Jahre lang führte ich ein rast- und erfolgloses Leben, arbeitete für Karawanenhändler. Dann schloß ich mich einer Gruppe von Dieben an, die die Wüste nach unbewaffneten Karawanen durchstreiften. Dies war des Sohnes meines Vaters unwürdig, aber ich sah die Welt durch einen bunten Stein und erkannte nicht, wie tief ich gefallen war.

Unser erster Beutezug erwies sich als erfolgreich. Wir

ergatterten Gold und Seide und kostbare Güter, brachten alles nach Ginir und verpraßten es.

Beim zweitenmal hatten wir nicht so viel Glück. Kurz nachdem wir unsere Beute gemacht hatten, wurden wir von den Speerwerfern eines einheimischen Häuptlings angegriffen, dem die Karawanen Schutzgeld zahlten. Unsere beiden Anführer wurden getötet, und uns brachte man nach Damaskus, wo wir bis auf einen Lendenschurz ausgezogen und als Sklaven verkauft wurden.

Ich wurde für zwei Silberstücke von einem syrischen Wüstenscheich erworben. Mit meinem geschorenen Kopf und dem Lendenschurz unterschied ich mich kaum von den anderen Sklaven. Da ich ein leichtfertiger junger Mann war, hielt ich dies lediglich für ein Abenteuer, bis mein Herr mich zu seinen vier Frauen brachte und ihnen erklärte, sie könnten mich als Eunuchen haben.

Erst jetzt erkannte ich die Hoffnungslosigkeit meiner Lage. Diese Männer der Wüste waren hitzig und kriegerisch. Ohne Waffen oder Fluchtmöglichkeit war ich ihnen hilflos ausgeliefert.

Ich stand angsterfüllt vor den vier Frauen, die mich aufmerksam musterten. Ich überlegte, ob ich Mitleid von ihnen erwarten konnte. Sira, die Hauptfrau, war älter als die anderen. Als sie mich anblickte, war ihre Miene unbeweglich, was mir keinen Trost spendete. Die zweite war eine hochmütige Schönheit, die mich so gleichgültig musterte, wie wenn ich ein Wurm gewesen wäre. Die beiden jüngeren kicherten, als wäre dies alles ein amüsanter Scherz.

Es kam mir wie eine Ewigkeit vor, als ich so dastand

und auf mein Urteil wartete. Schließlich ergriff Sira das Wort und sagte mit kalter Stimme zu mir:

›Wir haben genug Eunuchen, aber nur wenige Kameltreiber, und die taugen alle nichts. Erst heute wollte ich meine Mutter besuchen, die an Fieber erkrankt ist, aber es gibt keinen Sklaven, dem ich zutrauen würde, mein Kamel zu führen. Frag diesen Sklaven, ob er mit einem Kamel umgehen kann.‹

Daraufhin fragte mich mein Herr: ›Was weißt du über Kamele?‹

Ich bemühte mich, meinen Eifer zu bezähmen, und erwiderte: ›Ich kann sie dazu bringen, in die Knie zu gehen, kann sie beladen und auf langen Strecken führen, ohne daß sie müde werden. Wenn erforderlich, kann ich auch ihr Geschirr reparieren.‹

›Der Sklave hat eine vorlaute Zunge‹, bemerkte mein Herr. ›Wenn du willst, Sira, dann nimm diesen Mann als Kameltreiber.‹

So wurde ich Sira übergeben, und am gleichen Tag brachen wir mit ihrem Kamel zu der Reise zu ihrer kranken Mutter auf. Ich bedankte mich bei dieser Gelegenheit für ihr Eingreifen, erzählte ihr, daß ich kein geborener Sklave sei, sondern der Sohn eines freien Mannes, eines ehrenwerten Sattelmachers aus Babylon, und berichtete ihr noch vieles mehr aus meinem Leben. Ihre Bemerkungen waren verwirrend für mich, und ich grübelte viel darüber nach.

›Wie kannst du sagen, du seist ein freier Mann, wenn dich deine Schwäche so weit gebracht hat? Wenn ein Mann die Seele eines Sklaven in sich trägt, wird er unweigerlich ein Sklave werden, ungeachtet seiner Verhältnisse. Besitzt ein Mann aber die Seele eines freien Mannes, wird er trotz seines Pechs in seiner eigenen Stadt ein geachteter und geehrter Mann sein.‹

Über ein Jahr lang lebte ich unter den Sklaven, konnte aber nicht so werden wie sie. Eines Tages fragte mich Sira: ›Warum bleibst du abends allein im Zelt, wenn die anderen Sklaven zusammensitzen und sich amüsieren?‹

Ich antwortete darauf: ›Ich denke über das nach, was du mir gesagt hast, und überlege, ob ich die Seele eines Sklaven habe. Ich kann mich ihnen nicht anschließen, also muß ich für mich sein.‹

›Ich muß auch für mich allein sein‹, gestand sie mir. ›Mein Herr heiratete mich wegen meiner stattlichen Mitgift, aber er begehrt mich nicht. Dabei sehnt sich jede Frau danach, begehrt zu werden. Deshalb und weil ich unfruchtbar bin, weder Sohn noch Tochter habe, muß ich abseits sitzen. Wäre ich ein Mann, würde ich lieber sterben, als ein Sklave zu sein, aber die Vorschriften unseres Stammes machen die Frauen zu Sklaven.‹

›Was hältst du jetzt von mir?‹ fragte ich sie plötzlich. ›Habe ich die Seele eines freien Mannes oder die eines Sklaven?‹

›Bist du bereit, die Schulden, die du in Babylon hast, ordnungsgemäß zurückzuzahlen?‹ erwiderte sie.

›Ja, das bin ich, aber ich sehe keine Möglichkeit dazu.‹

›Wenn du einfach die Jahre verstreichen läßt und keine Anstrengung unternimmst, deine Schulden zu tilgen, dann besitzt du nur die verachtenswerte Seele eines Sklaven. Genauso verhält sich ein Mann, der keine Selbstachtung besitzt, und kein Mann kann diese erlangen, wenn er seine Schulden nicht zurückbezahlt.‹

›Aber was kann ich denn als Sklave in Syrien ausrichten?‹

›Wenn du Sklave in Syrien bleibst, bist du ein Schwächling.‹

›Ich bin kein Schwächling‹, widersprach ich heftig.

›Dann beweise es.‹

›Wie?‹

›Bekämpft nicht der große König seine Feinde auf jede erdenkliche Weise und mit jeder zur Verfügung stehenden Streitkraft? Deine Schulden sind deine Feinde. Sie haben dich aus Babylon vertrieben. Du hast sie allein gelassen, und sie wurden zu stark für dich. Hättest du sie wie ein Mann bekämpft, hättest du sie besiegen können und wärst ein angesehener Bürger geworden. Aber du hattest nicht den Mumm, gegen sie anzutreten, und bist immer tiefer gesunken, bis du als Sklave in Syrien gelandet bist.‹

Ich dachte viel über ihre unfreundlichen Anschuldigungen nach und überlegte, was ich zu meiner Verteidigung vorbringen konnte, um zu beweisen, daß ich in meinem Herzen kein Sklave war, aber ich hatte nicht die Chance dazu. Drei Tage später brachte mich Siras Zofe zu ihrer Herrin.

›Meine Mutter ist wieder schwer erkrankt‹, sagte sie. ›Sattle die beiden besten Kamele aus der Herde meines Gemahls. Kümmere dich um die Satteltaschen und Wasserschläuche, denn es wird wieder eine lange Reise werden. Die Zofe wird dir aus dem Küchenzelt genug Essensvorräte besorgen.‹ Ich tat, wie mir geheißen, wunderte mich aber über die große Menge an Proviant, denn die Mutter lebte nur eine Tagesreise entfernt. Die Zofe ritt hinter dem Kamel ihrer Herrin, das ich führte. Als wir beim Haus ihrer Mutter angelangt waren, ging der Tag zur Neige. Sira entließ ihre Zofe und sagte zu mir:

›Dabasir, hast du die Seele eines freien Mannes oder eines Sklaven?‹

›Die Seele eines freien Mannes‹, behauptete ich mit Nachdruck.

›Nun hast du die Gelegenheit, dies zu beweisen. Dein Herr hat tief in den Becher geschaut, und seine Anführer sind angetrunken. Nimm die Kamele und fliehe! Hier in diesem Beutel sind Gewänder deines Herrn, damit du dich verkleiden kannst. Ich werde sagen, du habest die Kamele gestohlen und seist davongelaufen, während ich meine kranke Mutter besucht habe.‹

›Du hast die Seele einer Königin‹, sagte ich zu ihr. ›Wie sehr wünschte ich mir, ich könnte dich glücklich machen.‹

›Das Glück‹, erwiderte sie, ›winkt nicht der Ehefrau, die wegrennt und es in fremden Ländern unter fremden Menschen sucht. Mach deinen eigenen Weg, und mögen die Götter der Wüste dich beschützen, denn der Weg ist weit, und es wird dir an Wasser und Nahrung mangeln.‹

Ich bedurfte keiner weiteren Aufforderung. Ich dankte ihr herzlich, verabschiedete mich von ihr und tauchte in der Nacht unter. Ich kannte das Land nicht und hatte nur eine verschwommene Vorstellung, in welcher Richtung Babylon lag, kämpfte mich aber tapfer durch die Wüste, in Richtung der Hügel. Auf dem einen Kamel ritt ich, das andere führte ich am Zügel. Da ich wußte, welch schreckliches Schicksal einem Sklaven droht, der das Eigentum seines Herrn gestohlen hatte und geflohen war, ritt ich die Nacht und den nächsten Tag durch.

Am späten Nachmittag gelangte ich in rauhes Land, das so unbewohnbar war wie die Wüste. Die spitzen Felsen verletzten die Füße meiner treuen Kamele, so daß sie nur noch langsam und unter Schmerzen vorankamen. Weit und breit gab es weder Menschen noch Tiere, und ich konnte gut verstehen, weshalb sie dieses unfreundliche Land mieden.

Eine Reise, wie ich sie in der Folge erlebte, überstehen nur wenige Männer. Tag um Tag zogen wir unseres Weges. Es gab weder Nahrung noch Wasser, und die Sonne brannte erbarmungslos auf uns nieder. Am Ende des neunten Tages fiel ich vom Kamel, fühlte mich so schwach, daß ich dachte, ich würde in diesem verlassenen Land sterben müssen.

Ich streckte mich auf dem Boden aus und schlief ein, wachte erst in der Morgendämmerung wieder auf.

Ich richtete mich auf und blickte um mich. Die Morgenluft wirkte kühl. Meine Kamele lagen nicht weit entfernt erschöpft auf der Erde. Über mir war weites unebenes Gelände voller Felsgestein, Sand und Dornengestrüpp. Weit und breit kein Wasser oder irgendwelche eßbaren Pflanzen oder Früchte.

Würde ich in dieser friedlichen Stille mein Leben aushauchen? Mein Kopf war klarer denn je, mein Körper schien im Augenblick nur eine untergeordnete Rolle zu spielen. Meine ausgetrockneten, blutigen Lippen, meine geschwollene Zunge, mein leerer Magen, all das war nicht mehr so wichtig wie noch am Tag zuvor.

Ich blickte in die wenig einladende Ferne und stellte mir erneut die Frage: ›Habe ich die Seele eines Sklaven oder die eines freien Mannes?‹ Dann erkannte ich ganz deutlich, daß ich, wenn ich die Seele eines Sklaven hätte, aufgeben würde, mich in der Wüste ausstrecken und sterben würde – ein angemessenes Ende für einen entlaufenen Sklaven.

Aber was würde geschehen, wenn ich die Seele eines freien Mannes hatte? Dann würde ich wohl darum kämpfen, den Weg bis Babylon zu schaffen, den Menschen, die mir vertraut hatten, die Schulden zurückzahlen, meine Frau, die mich aufrichtig liebte, glücklich zu machen und meinen Eltern Frieden und Zufriedenheit zu bringen.

›Deine Schulden sind deine Feinde, die dich aus Babylon vertrieben haben‹, hatte Sira gesagt. Ja, so war es. Warum hatte ich nicht gekämpft wie ein Mann? Warum hatte ich zugelassen, daß meine Frau zu ihrem Vater zurückkehrte?

Dann geschah etwas Seltsames. Plötzlich schien die Welt in eine andere Farbe getaucht zu sein, als ob ich sie durch einen bunten Stein betrachtet hätte, der plötzlich entfernt worden war. Endlich entdeckte ich die wahren Werte des Lebens.

Ich würde nicht in der Wüste sterben! Mit meinem neuen Blickwinkel wußte ich plötzlich, was ich tun mußte. Zuerst würde ich nach Babylon zurückkehren und allen Männern gegenübertreten, bei denen ich noch unbeglichene Schulden hatte. Ich würde ihnen sagen, daß ich nach Jahren des Herumziehens und des Pechs zurückgekehrt sei, um meine Schulden so schnell wie möglich zu tilgen. Dann würde ich für meine Frau und mich ein Heim schaffen und ein Bürger werden, auf den meine Eltern stolz sein würden.

Meine Schulden waren meine Feinde, aber die Männer, bei denen ich sie hatte, waren meine Freunde, denn sie hatten mir vertraut und an mich geglaubt.

Ich rappelte mich mühsam hoch. Was spielte es schon für eine Rolle, daß ich Hunger und Durst hatte? Das waren lediglich Meilensteine auf dem Weg nach Babylon. In mir erhob sich die Seele eines freien Mannes, der in die Heimat zurückkehrte, um seine Feinde zu besiegen und seine Freunde zu belohnen. Ich war sehr aufgeregt über meinen Entschluß.

Die gläsernen Blicke meiner Kamele leuchteten auf, als sie den neuen Ton in meiner heiseren Stimme vernahmen. Nach vielen Versuchen gelang es ihnen, wieder fest auf den Beinen zu stehen. Mit bewundernswerter Ausdauer gingen sie weiter in Richtung Norden, denn eine innere Stimme sagte mir, das sei der richtige Weg.

Wir fanden Wasser, denn wir gelangten schließlich in eine fruchtbarere Gegend, in der es Grasflächen und Früchte gab. Wir fanden den Weg nach Babylon, denn die Seele eines freien Mannes betrachtet das Leben als eine Folge von Problemen, die gelöst werden müssen, und löst sie, während die Seele eines Sklaven winselt: ›Was soll ich nur tun, ich bin ja nur ein Sklave.‹

›Und wie steht's mit dir, Tarkad? Ist es nicht so, daß dein leerer Magen dich völlig klar denken läßt? Bist du

bereit, den Weg zu gehen, der zur Selbstachtung zurück-
führt? Kannst du die Welt in ihrer richtigen Farbe sehen?
Hast du den Wunsch, deine Schulden redlich zu tilgen,
auch wenn sie noch so groß sind, und somit wieder ein
geachteter Bürger Babylons zu werden?‹«

Die Augen des jungen Mannes füllten sich mit Tränen.
Er richtete sich auf und sagte: »Du hast mir einen Weg
gezeigt; ich spüre bereits die Seele eines freien Mannes in
mir.«

»Aber wie bist du dann nach deiner Rückkehr vorge-
gangen?« fragte ein interessierter Zuhörer.

»Wo ein Wille ist, ist auch ein Weg«, erwiderte Dabasir.
»Ich war jetzt eisern entschlossen, also machte ich mich auf
den Weg, um mein Vorhaben durchzuführen. Als erstes
suchte ich alle Männer auf, bei denen ich Schulden hatte,
und bat sie um etwas Geduld, bis ich von meinem Verdienst die Schulden begleichen konnte. Die meisten waren
sehr freundlich zu mir, aber einige schmähten mich, und
andere wiederum boten mir ihre Hilfe an. Und einer gab
mir genau die Hilfe, die ich brauchte. Es war Mathon, der
Goldverleiher. Nachdem er erfahren hatte, daß ich in Syrien als Kameltreiber gearbeitet hatte, schickte er mich
zum alten Nebatur, dem Kamelhändler, der gerade von unserem guten König damit beauftragt worden war, für den
Feldzug große Herden gesunder Kamele zusammenzutrei-
ben. Bei ihm konnte ich meine Kenntnisse über Kamele
gut anwenden. Mit der Zeit war ich in der Lage, jede Kupfermünze und jedes Silberstück zurückzuzahlen. Dann
endlich konnte ich wieder hocherhobenen Hauptes durch
die Straßen gehen, denn ich fühlte mich als Ehrenmann.«

Dabasir wandte seine Aufmerksamkeit wieder seinem Mahl zu. »Kauskor, du Schnecke«, rief er so laut, daß man ihn in der Küche hören konnte, »das Essen ist kalt! Bring mir noch etwas frisches Fleisch vom Rost. Bring auch eine große Portion für Tarkad, den Sohn meines alten Freundes, der hungrig ist und mir beim Essen Gesellschaft leisten soll.«

So endete die Geschichte von Dabasir, dem Kamelhändler aus dem alten Babylon. Er fand seine eigene Seele, als er eine große Wahrheit erkannte, die weise Menschen schon lange vor seiner Zeit kannten und umsetzten.

Diese Wahrheit hat schon immer Männer jeglichen Alters aus Schwierigkeiten gerettet und zum Erfolg geführt. Auch die Männer, die die Weisheit besitzen, ihre Zauberkraft zu begreifen, werden von ihr geleitet werden. Sie ist für alle von Nutzen, die diese Zeilen lesen:

> Wo ein Wille ist, ist auch ein Weg.

Die Tontafeln von Babylon

NOTTINGHAM UNIVERSITY

Newark-on-Trent

Nottingham

21. Oktober 1934

Herrn Professor Franklin Caldwell
c/o British Scientific Expedition
Hillah, Mesopotamien

Sehr geehrter Herr Professor,

*die fünf Tontafeln aus Ihren jüngsten Ausgrabungen in den
Ruinen von Babylon erreichten mich mit dem gleichen Schiff
wie Ihr Brief. Ich war über alle Maßen fasziniert und habe
viele angenehme Stunden damit verbracht, die Inschriften zu
übersetzen. Ich hätte Ihnen umgehend antworten sollen,
wollte aber warten, bis ich die beigefügten Übersetzungen fertig hatte.*

*Dank Ihrer sorgfältigen Vorkehrungen und der fachge-
rechten Verpackung sind die Tafeln in einwandfreiem Zu-
stand angekommen.*

*Sie werden über das, was sie uns mitteilen, sicherlich ge-
nauso verwundert sein wie wir hier im Institut. Allzu gerne*

bringt man jene dunkle Vorzeit mit Liebesgeschichten und Abenteuerberichten in Verbindung, in der Manier von »Tausendundeiner Nacht« und dergleichen. Statt dessen berichten uns die Tontafeln von den Schwierigkeiten eines Mannes namens Dabasir, seine Schulden zu begleichen. Dabei stellt man fest, daß sich die Lebensbedingungen auf der Mutter Erde im Laufe der letzten fünftausend Jahre gar nicht so grundlegend gewandelt haben, wie man vielleicht annehmen möchte. Es mag etwas sonderbar klingen, aber diese alten Inschriften machen mich ganz ›irre‹, wie die Studenten zu sagen pflegen. Als Universitätsdozent hält man mich für einen Akademiker, der auf fast allen Wissensgebieten über solide Kenntnisse verfügt. Und dann taucht mit einemmal dieser Kerl aus den staubigen Ruinen Babylons auf, um mir eine bisher unbekannte Möglichkeit aufzuzeigen, meine Schulden zu tilgen und gleichzeitig soviel Geld anzuhäufen, daß es in meiner Börse nur so klingelt.

Eine angenehme Vorstellung fürwahr. Sicherlich wäre es interessant, herauszufinden, ob diese Methode heute noch genausogut funktioniert wie im alten Babylon.

Meine Frau und ich beabsichtigen, Dabasirs Plan bei unseren eigenen Finanzangelegenheiten, die sehr im argen liegen, zu erproben.

Ich wünsche Ihnen viel Glück bei Ihren wertvollen Entdeckungen und warte gespannt auf weitere Gelegenheiten, Ihnen behilflich zu sein.

Hochachtungsvoll
Alfred H. Shrewsbury
Department of Archaeology

Tafel Nr. 1

Ich, Dabasir, erst vor kurzem der Sklaverei in Syrien entronnen und entschlossen, ein wohlhabender und angesehener Bürger meiner Geburtsstadt Babylon zu werden und meine vielen Schulden zu begleichen, werde, wenn der Mond wieder voll wird, auf diesen Tontafeln ständige Aufzeichnungen über meine Angelegenheiten festhalten, um mich bei der Verwirklichung meiner hohen Ziele leiten zu lassen.

Dem weisen Rat meines guten Freundes Mathon, des Goldverleihers, folgend, bin ich entschlossen, mich an einen genauen Plan zu halten, von dem er mir versichert, daß er jeden ehrenhaften Mann von hoher Schuldenlast befreien und zu Wohlstand und Selbstachtung bringen könne.

Dieser Plan beinhaltet drei Ziele, auf die sich mein Hoffen und Wünschen richtet.

Als erstes sieht der Plan für meine Zukunft Wohlstand vor.

Deshalb soll ein Zehntel dessen, was ich verdiene, als Sparguthaben beiseite gelegt werden. Denn Mathon spricht weise, wenn er sagt:

»Der Mann, der in seiner Börse Gold und Silber hat, das er nicht auszugeben braucht, ist gut zu seiner Familie und dem König ergeben.

Jener Mann hingegen, in dessen Börse sich nur ein paar Kupfermünzen befinden, ist seiner Familie und dem König gegenüber gleichgültig.

Und der Mann, der in seiner Börse keine Münze hat,

behandelt seine Familie schlecht und ist seinem König gegenüber nicht loyal, denn sein Herz ist verbittert.

Daher muß der Mann, der Erfolg haben will, eine Börse voll klingender Münzen besitzen, damit er seine Familie liebt und dem König ergeben ist.«

Als zweites sieht der Plan vor, daß ich meine liebe Gemahlin, die vom Haus ihres Vaters zu mir zurückgekehrt ist, gut mit Nahrung und Kleidung versorge. Denn Mathon sagt, wenn ein Mann gut für seine treue Gemahlin sorgt, kehren Selbstachtung, Kraft und Entschlossenheit in sein Herz ein, die ihm helfen, seine Ziele zu erreichen.

Deshalb sollen sieben Zehntel meines Verdienstes für unser Heim, für Kleidung und für Nahrung aufgewendet werden; ein kleiner Teil davon soll ausgegeben werden, damit es in unserem Leben nicht an Freude und Vergnügungen mangle. Aber Mathon legt größten Wert darauf, daß wir nicht mehr als sieben Zehntel dessen, was ich verdiene, für diese Dinge ausgeben. Darin liegt der Erfolg des Planes. Ich muß von diesem Anteil meinen Lebensunterhalt bestreiten und darf niemals mehr ausgeben, noch darf ich etwas kaufen, was ich nicht aus diesem Anteil bezahlen kann.

Tafel Nr. 2

Als drittes sieht der Plan vor, daß ich meine Schulden mit meinem Verdienst begleiche. Daher sollen jeden Vollmond zwei Zehntel meines Verdienstes ehrlich und gerecht auf diejenigen verteilt werden, die mir ihr Vertrauen geschenkt haben und bei denen ich Schulden habe.

So werden gewiß in absehbarer Zeit meine Schulden getilgt sein. Zu diesem Zweck graviere ich hier die Namen all meiner Gläubiger ein sowie die Höhe der jeweiligen Schuld.

Fahru, der Tuchweber: 2 Silberstücke, 6 Kupfermünzen.

Sinjar, der Mattenflechter: 1 Silberstück.

Ahmar, mein Freund: 3 Silberstücke, 1 Kupfermünze.

Zankar, mein Freund: 1 Silberstück, 3 Kupfermünzen.

Harinsir, der Juwelier: 6 Silberstücke, 2 Kupfermünzen.

Diarbeker, der Freund meines Vaters: 4 Silberstücke, 1 Kupfermünze.

Alkahad, der Hausbesitzer: 14 Silberstücke.

Mathon, der Goldverleiher: 9 Silberstücke.

Birejik, der Bauer: 1 Silberstück, 7 Kupfermünzen.

(Ab hier ist die Tafel stark beschädigt und nicht mehr zu entziffern.)

Tafel Nr. 3

Diesen Gläubigern schulde ich insgesamt einhundertundneunzehn Silberstücke und einhundertundeinundvierzig Kupfermünzen. Da meine Schulden so hoch waren und ich keine Möglichkeit sah, sie zurückzuzahlen, war ich töricht genug, meine Frau zu ihrem Vater zurückkehren zu lassen, meiner Geburtsstadt den Rücken zu kehren und anderswo leicht erworbenen Reichtum zu suchen. Die Folge war, daß ich nur noch tiefer ins Elend geriet und schließlich die Erniedrigung erlebte, als Sklave verkauft zu werden.

Erst nachdem mir Mathon aufgezeigt hat, wie ich von meinem Verdienst meine Schulden in kleinen Summen abtragen kann, wird mir bewußt, was für ein großer Narr ich war, mich der Verantwortung für meine Verschwendungssucht zu entziehen.

Ich habe daher meine Gläubiger aufgesucht und ihnen erklärt, daß ich außer meinem Verdienst keine Mittel besäße, meine Schulden zu bezahlen, und daß es meine ehrliche Absicht sei, zwei Zehntel meines Verdienstes zur Tilgung meiner Schulden aufzuwenden. Soviel könne ich aufbringen, mehr aber nicht. Wenn sie also geduldig wären, würde ich meine Schulden nach und nach vollständig begleichen.

Ahmar, den ich für meinen besten Freund gehalten hatte, beschimpfte mich schmählich, und ich zog mich gedemütigt zurück. Birejik, der Bauer, flehte mich an, ihn zuerst zu berücksichtigen, da er dringend Hilfe benötige. Alkahad, der Hausbesitzer, war höchst unangenehm. Er drohte mir, Schwierigkeiten zu machen, wenn ich ihm nicht baldmöglichst die ganze Schuldsumme bezahlte.

Alle übrigen willigten in meinen Vorschlag ein. Darum bin ich entschlossener denn je, meinen Plan zu Ende zu führen, denn ich bin davon überzeugt, daß es einfacher ist, seine Schulden zu begleichen, als ihnen zu entfliehen. Auch wenn ich die Wünsche und die Bedürfnisse einiger meiner Gläubiger nicht befriedigen kann, werde ich sie doch alle gleichermaßen berücksichtigen.

Tafel Nr. 4

Wieder ist Vollmond. Ich habe hart, aber freien Sinnes gearbeitet. Meine liebe Gemahlin unterstützt mein Vorhaben, meine Gläubiger zu befriedigen. Dank unseres weisen Entschlusses habe ich im Laufe des vergangen Mondes neunzehn Silberstücke verdient, indem ich für Nebatur gesunde Kamele mit kräftigen Beinen erworben habe.

Diesen Verdienst habe ich meinem Plan entsprechend aufgeteilt. Ein Zehntel habe ich als Ersparnis beiseite gelegt, sieben Zehntel habe ich zusammen mit meiner Gemahlin für unseren Lebensunterhalt ausgegeben. Zwei Zehntel habe ich so gerecht, wie dies mit Kupfermünzen möglich ist, unter meinen Gläubigern aufgeteilt.

Ich habe Ahmar nicht persönlich gesehen, sondern habe seinen Anteil seiner Frau ausgehändigt. Birejik war so erfreut, daß er am liebsten meine Hand geküßt hätte. Nur der alte Alkahad war mürrisch und sagte, ich müsse meine Schulden schnell begleichen. Ich antwortete ihm, daß ich meine Schuld um so eher abtragen könne, je besser ich mich ernähren könne und je weniger ich mich mit Sorgen quälen müsse. Alle anderen dankten mir und waren angetan von meinen Bemühungen. Somit hat sich meine Schuld am Ende eines einzigen Mondes um fast vier Silberstücke reduziert, und ich habe zwei Silberstücke beiseite gelegt, die mir niemand streitig machen kann. So unbeschwert war ich schon lange nicht mehr.

Wieder ist Vollmond. Ich habe hart gearbeitet, aber mit geringem Erfolg, denn ich konnte nur wenige Kamele erwerben. Somit habe ich lediglich elf Silberstücke verdient. Dennoch hielten meine treue Gemahlin und ich an unserem Plan fest, haben keine neuen Kleider gekauft und uns überwiegend von grünen Pflanzen ernährt. Wieder habe ich ein Zehntel jener elf Silberstücke unserem Vermögen hinzugefügt und sieben Zehntel für unseren Lebensunterhalt ausgegeben. Zu meiner Überraschung lobte mich Ahmar, auch wenn ich ihm nur einen kleinen Betrag zurückzahlen konnte. Auch Birejik rühmte mich. Alkahad allerdings geriet in Zorn, aber als ich ihm sagte, er könne seinen Anteil zurückgeben, wenn er ihn nicht haben wolle, beruhigte er sich. Die anderen Gläubiger waren alle zufrieden.

Wieder ist Vollmond, und ich bin überglücklich, denn ich entdeckte eine großartige Kamelherde und habe viele prächtige Tiere davon erworben. Somit habe ich zweiundvierzig Silberstücke verdient. Diesen Monat haben meine Frau und ich Sandalen und Kleidungsstücke gekauft, die wir dringend benötigten. Außerdem haben wir Fleisch und Geflügel auf unsere Speisekarte gesetzt. Unseren Gläubigern haben wir über acht Silberstücke zurückbezahlt. Nicht einmal Alkahad protestierte.

Dieser Plan ist großartig, denn er hilft uns, unsere

Schulden abzubauen und gleichzeitig ein Vermögen aufzubauen.

Dreimal ist der Mond voll gewesen, seitdem ich zum letzten Mal diese Tontafeln beschrieben habe. Jedesmal habe
ich ein Zehntel meines Verdienstes für mich selbst behalten. Jedesmal haben meine liebe Gemahlin und ich von
sieben Zehnteln gelebt, wenn es auch manchmal hart gewesen ist, und jedesmal habe ich von zwei Zehnteln meine
Gläubiger zufriedengestellt.

Meine Ersparnisse belaufen sich nun auf einundzwan-
zig Silberstücke. Ich brauche den Blick nicht mehr zu sen-
ken und kann meinen Freunden frei in die Augen sehen.

Meine Gemahlin hält unser Heim vortrefflich in Ordnung und trägt jetzt bessere Kleider.

Wir sind glücklich miteinander.

Der Plan ist von unschätzbarem Nutzen, denn er hat
aus einem ehemaligen Sklaven einen ehrenwerten Mann
gemacht.

Tafel Nr. 5

Wieder ist der Mond voll, und mir wird bewußt, daß ich
schon lange keine Eintragungen mehr auf der Tontafel gemacht habe. Zwölf Monde sind nun vergangen. Aber
heute werde ich es nicht versäumen, die Tontafel zu beschriften, denn ich habe gerade meine letzten Schulden beglichen. Diesen Tag werden meine Frau und ich voller
Dankbarkeit feiern, denn wir haben unser Ziel erreicht.

Als ich zum letzten Mal meine Gläubiger aufsuchte, hatte ich viele denkwürdige Erlebnisse. Ahmar bat mich wegen seiner groben Beschimpfungen um Vergebung und sagte, ich sei unter allen Menschen, die er kenne, derjenige, den er am liebsten zum Freund habe.

Der alte Alkahad ist im Grunde gar nicht so übel, denn er bemerkte: »Du warst vormals ein Klumpen weichen Tons, den jeder, der ihn berührte, nach Belieben kneten und formen konnte, aber nun bist du ein Stück Bronze, das dem Druck standhalten kann. Solltest du jemals Silber oder Gold benötigen, so komm zu mir.«

Und er ist nicht der einzige, bei dem ich hohes Ansehen genieße. Viele andere sprechen mich ehrerbietig an. Wenn meine Gattin zu mir aufblickt, ist ein Leuchten in ihren Augen, das einem Mann Selbstvertrauen schenkt.

Meinen Erfolg verdanke ich ganz allein Mathons Plan, denn dieser hat es mir ermöglicht, all meine Schulden zu begleichen und Gold und Silber in meiner Börse klingeln zu lassen. Ich empfehle diesen Plan all jenen, die nach Erfolg streben. Denn wenn er selbst einem ehemaligen Sklaven dazu verhilft, seine Schulden zu begleichen und Gold anzuhäufen, wie sollte er da nicht allen andern helfen, finanziell unabhängig zu werden. Ich selbst bin noch nicht am Ende angelangt, denn ich bin davon überzeugt, daß der Plan mich zu einem reichen Mann machen wird, wenn ich ihn weiter befolge.

ST. SWITHIN'S COLLEGE

NOTTINGHAM UNIVERSITY
Newark-on-Trent

Nottingham

7. November 1936

Herrn Professor Franklin Caldwell
c/o British Scientific Expedition
Hillah, Mesopotamien

Sehr geehrter Herr Professor,

sollte Ihnen bei Ihren weiteren Ausgrabungen im Ruinen-
feld von Babylon jemals der Geist eines ehemaligen Bewoh-
ners, des alten Kamelhändlers Dabasir, begegnen, so möchte
ich Sie um einen Gefallen bitten. Richten Sie ihm bitte aus,
daß ihm hier im fernen England ein paar Gelehrte für seine
Aufzeichnungen auf den Tontafeln ein Leben lang dankbar
sein werden.

Vermutlich können Sie sich noch an meinen Brief vor zwei
Jahren erinnern, in dem ich Ihnen schrieb, daß meine Frau
und ich Dabasirs Methode ausprobieren wollten, um uns von
unseren Schulden zu befreien und gleichzeitig Geld in unseren
Taschen klimpern zu hören. Auch wenn wir versucht hatten,
unsere verzweifelte finanzielle Lage vor unseren Freunden ge-
heimzuhalten, haben Sie wohl erraten, daß uns das Wasser bis
zum Hals stand.

Jahrelang drückten uns eine Menge alter Schulden nieder.
Uns saß ständig die Angst im Nacken, einer der Geschäftsleute

könne irgendwann einen Skandal auslösen, der meinen Ausschluß von der Universität zur Folge haben würde. Wir zahlten und zahlten, soviel wir von unserem Einkommen entbehren konnten, aber es reichte kaum, um einigermaßen über die Runden zu kommen. Im übrigen mußten wir in jenen Geschäften einkaufen, wo man uns noch Kredit einräumte, obwohl dies wiederum höhere Kosten bedeutete.

Wir gerieten in einen jener Teufelskreise, in denen alles immer nur noch schlimmer statt besser wird. Unser Kampf wurde hoffnungslos. Wir konnten nicht einmal in eine billigere Wohnung ziehen, denn wir hatten bei unserem Vermieter Schulden. Es schien keinen Ausweg zu geben, um unsere Situation zu verbessern.

Und da tauchte unversehens Ihr Bekannter auf, der alte Kamelhändler aus Babylon mit seinem Plan zur Verbesserung unserer finanziellen Situation. Fröhlich und unbekümmert munterte er uns auf, es zu versuchen. Also stellten wir eine Liste unserer Schulden auf, und ich machte mich damit auf den Weg, um sie unseren Gläubigern zu zeigen.

Ich erklärte ihnen, daß es mir unmöglich sei, ihnen meine Schulden zurückzuzahlen, wenn es so weiterginge wie bisher. Das leuchtete ihnen anhand unserer Zahlen ein. Dann erklärte ich ihnen, daß ich nur einen Weg sähe, um meine Schulden voll und ganz zu begleichen. Dieser bestehe darin, Monat für Monat zwanzig Prozent meines Einkommens auf die Seite zu legen und ihnen diesen Betrag anteilsmäßig zukommen zu lassen. Auf diese Weise könne ich innerhalb von etwas mehr als zwei Jahren alle meine Schulden abbezahlen. Bis dahin würde ich jeden Einkauf nur noch mit Bargeld zahlen, was von Vorteil für sie wäre.

Sie waren alle recht anständig. Unser Gemüsehändler, ein kluger alter Bursche, meinte: »Wenn Sie alles, was Sie kaufen, bar bezahlen und dann noch einen kleinen Betrag für die Begleichung Ihrer Schulden aufbringen, ist dies ein großer Fortschritt, denn sonst hätten Sie Ihre Schulden auch in drei Jahren nicht abbezahlt.«

Schließlich traf ich mit all unseren Gläubigern eine Vereinbarung, bei der sie uns zusicherten, uns so lange nicht zu behelligen, wie wir ihnen regelmäßig zwanzig Prozent unseres Einkommens zahlten. Dann überlegten wir, wie wir von den restlichen siebzig Prozent leben könnten. Denn auf keinen Fall wollten wir auf die zehn Prozent Ersparnisse zum Vermögensaufbau verzichten. Der Gedanke an klingende Silber- oder Goldstücke war zu verlockend.

Die Umstellung war für uns wie ein großes Abenteuer. Es machte uns Spaß, die eine und andere Möglichkeit durchzuspielen, um auch von den siebzig Prozent angenehm leben zu können. Wir begannen mit der Miete, und es gelang uns, einen erheblichen Nachlaß zu erhalten. Als nächstes überprüften wir unsere Lieblingsteesorten und dergleichen und waren angenehm überrascht, als wir feststellten, daß wir gute Qualität auch weitaus preisgünstiger erstehen konnten.

Die Geschichte ist zu lang, um sie in einem Brief zu erzählen, jedenfalls erwies sich alles als nicht allzu schwer, und schließlich erreichten wir unser Ziel. Und wie erleichtert waren wir, unsere Angelegenheiten so geregelt zu haben, daß wir keine alte Schuldenlast mehr mit uns herumzuschleppen brauchten.

Aber ich muß Ihnen unbedingt noch berichten, was aus dem einen Zehntel geworden ist. Nun, eine Zeitlang ließen wir das Geld in unseren Taschen klimpern. Aber lachen Sie nicht zu früh! Jetzt kommt der amüsante Teil der Geschichte. Es macht nämlich wirklich Spaß, Geld anzuhäufen, das man nicht ausgeben will. Es bereitet mehr Vergnügen, Geld zu sparen, als es auszugeben.

Nachdem wir eine Weile nach Herzenslust mit dem Geld geklimpert hatten, entdeckten wir eine einträglichere Verwendungsmöglichkeit dafür. Wir suchten uns eine Anlage, auf die wir jeden Monat ein Zehntel unseres Einkommens einzahlten. Dies erweist sich nun als einträglichster Teil unseres Sanierungsprogramms.

Es ist ein höchst beruhigendes Gefühl zu wissen, daß sich unsere Geldanlage ständig vermehrt. Bis zu meiner Pensionierung dürfte daraus ein hübsches Sümmchen geworden sein, das fortan unser Einkommen sichern wird.

Und das alles war das Ergebnis eines Plans aus längst vergangener Zeit. Kaum zu glauben, aber wahr! Alle unsere Schulden werden nach und nach getilgt, und gleichzeitig nimmt unser Guthaben stetig zu. Wir kommen mit unserem Geld zurecht, sogar besser als zuvor. Man sollte es nicht für möglich halten, wieviel es ausmacht, wenn man sich nach ei-nem festen Finanzplan richtet, statt einfach so dahinzuleben.

Am Ende des nächsten Jahres, wenn all unsere Rechnungen beglichen sind, können wir noch mehr Geld anlegen und außerdem etwas für Reisen auf die Seite legen. Wir sind fest entschlossen, in Zukunft nie mehr als siebzig Prozent unseres Einkommens für unseren Lebensunterhalt auszugeben.

Jetzt verstehen Sie sicherlich, weshalb wir diesem weisen alten Mann vor Tausenden von Jahren, dessen Plan uns aus der ›Hölle auf Erden‹ gerettet hat, unseren persönlichen Dank aussprechen wollen.

Er wußte Bescheid, hatte alles selbst durchgemacht und wollte, daß andere von seinen bitteren Erfahrungen profitierten. Deshalb verbrachte er viele Stunden damit, seine Botschaft mühselig in Ton zu ritzen.

Er hatte seinen Leidensgenossen eine wichtige Botschaft zu überbringen, die so wertvoll war, daß sie nach fünftausend Jahren aus den Ruinen Babylons auferstand. Sie ist heute noch genauso richtig und aktuell wie damals, als die Tafeln mit ihrer wertvollen Botschaft verschüttet wurden.

Hochachtungsvoll
Alfred H. Shrewsbury
Department of Archaeology

Der glücklichste Mann
von Babylon

An der Spitze seiner Karawane ritt stolz erhobenen Hauptes Sharru Nada, der wohlhabendste Kaufmann von Babylon, auf seinem rassigen Araberhengst. Er liebte schöne Stoffe und trug kostbare und elegante Gewänder. Auch hatte er eine Vorliebe für edle Reittiere. Wenn man ihn betrachtete, hätte man nicht vermutet, daß er bereits in fortgeschrittenem Alter war, und man hätte bestimmt auch nicht erraten, daß Kummer an ihm nagte.

Die Reise von Damaskus ist lang, und die Wüste birgt viele Gefahren und Mühsale. Das war es aber nicht, was ihn beunruhigte, genauso wenig wie die Tatsache, daß die ungestümen arabischen Stämme gerne reiche Karawanen ausplündern, denn seine flinken, berittenen Wachen boten ihm sicheren Schutz.

Es war der junge Mann, der seit Damaskus neben ihm ritt, der ihm Kopfzerbrechen bereitete. Es handelte sich um Hadan Gula, den Enkel seines Partners in früheren Jahren, Arad Gula, dem er zu ewigem Dank verpflichtet war. Er wollte gerne etwas für diesen jungen Mann tun, aber je mehr er darüber nachdachte, desto schwieriger erschien ihm dies. Der Grund dafür war der Junge selbst.

Er musterte den mit Ringen und Ohrringen geschmückten jungen Mann und dachte bei sich: »Er glaubt wohl, Juwelen seien für Männer gedacht. Immerhin hat er das markante Gesicht seines Großvaters geerbt, auch wenn dieser bestimmt nicht solche bunten Gewänder trug. Aber ich selbst habe ihn ersucht, mit mir zu kommen, weil ich hoffte, ich könne ihm helfen, sein Leben selbst in die Hand zu nehmen, nachdem sein Vater das Familienerbe durchgebracht hatte.«

Hadan Gula unterbrach seine Gedanken. »Sag, warum arbeitest du so hart und begleitest deine Karawanen immer auf den langen Reisen? Nimmst du dir denn nie Zeit, das Leben zu genießen?«

Sharru Nada lächelte. »Das Leben genießen?« wiederholte er. »Was würdest du tun, um das Leben zu genießen, wenn du Sharru Nada wärst?«

»Wenn ich so reich wäre wie du, würde ich wie ein Prinz leben, würde bestimmt nicht durch die heiße Wüste reiten. Ich würde die Schekel genauso schnell ausgeben, wie sie in meine Börse flossen, würde die schönsten Gewänder und die kostbarsten Juwelen tragen. So ein Leben wäre ganz nach meinem Geschmack, ein Leben, das lebenswert wäre.« Nach diesen Worten brachen die beiden Männer in Lachen aus.

»Dein Großvater hat keine Juwelen getragen«, bemerkte Sharru Nada spontan. Dann fuhr er scherzhaft fort: »Würdest du keine Zeit für die Arbeit aufwenden?«

»Arbeit ist etwas für Sklaven«, erwiderte Hadan Gula.

Sharru Nadu biß sich auf die Unterlippe, schluckte eine Bemerkung hinunter und ritt schweigend weiter, bis sie zu einer Steigung gelangt waren. Er hielt sein Pferd an und deutete auf das grüne Tal in der Ferne. »Siehst du das Tal dort? Wenn du dich anstrengst, kannst du weiter hinten die Mauern von Babylon erkennen und den Turm des

Tempels von Bel. Wenn du genau hinblickst, siehst du sogar den Rauch des ewigen Feuers, der in den Himmel hochsteigt.«

»Das also ist Babylon? Ich habe mich schon immer danach gesehnt, einmal die reichste Stadt der Welt zu sehen«, bemerkte Hadan Gula. »Babylon, wo mein Großvater sein Vermögen gemacht hat. Wäre er noch am Leben, wären wir nicht in solchen Geldnöten.«

»Warum willst du, daß sein Geist über die ihm zugemessene Zeit auf Erden weilen soll? Du kannst zusammen mit deinem Vater sein Werk sehr wohl weiterführen.«

»Leider haben wir beide nicht sein Talent, auch wenn wir sein Geheimnis kennen, wie er die Goldschekel anhäufte.«

Sharru Nada sagte nichts, sondern trieb sein Pferd an und ritt nachdenklich den Weg zum Tal hinunter. Hinter ihnen folgte die Karawane in einer Wolke rötlichen Staubs. Etwas später waren sie bei der Landstraße des Königs angelangt, wandten sich nach Süden und durchquerten die bewässerten Bauernhöfe.

Drei alte Männer, die gerade ein Feld pflügten, erregten Sharru Nadas Aufmerksamkeit. Sie kamen ihm seltsam vertraut vor. Wie lächerlich! Es war ja wohl nicht möglich, daß man nach vierzig Jahren an einem Feld vorbeikam, auf dem die gleichen Männer wie früher pflügten. Einer hielt den Pflug mit zittriger Hand. Die anderen schleppten sich mühsam neben den Ochsen dahin und schlugen kraftlos mit ihren Rohrstöcken auf die Tiere ein, um sie anzutreiben.

175

Vor vierzig Jahren hatte er diese Männer beneidet! Wie gerne hätte er damals mit ihnen getauscht. Aber heute war die Situation ganz anders. Voller Stolz wandte er sich nach seiner Handelskarawane um, die aus ausgewählten Kamelen und Mulis bestand, die reich beladen waren mit kostbaren Gütern aus Damaskus. Aber das war nur ein Teil seiner Besitztümer.

Er deutete auf die pflügenden Männer und sagte: »Sie pflügen immer noch das gleiche Feld wie vor vierzig Jahren.«

»Sie sehen so aus, aber was läßt dich vermuten, daß es dieselben Männer sind?«

»Weil ich sie damals gesehen habe«, erwiderte Sharru Nada.

Erinnerungen schossen ihm durch den Kopf. Warum nur konnte er die Vergangenheit nicht begraben und sich der Gegenwart zuwenden? Dann erblickte er, wie in einem Spiegel, das lächelnde Gesicht Arad Gulas, und die Spannungen zwischen ihm und Arads Enkel lösten sich.

Aber wie konnte er einem solch überheblichen jungen Mann mit juwelengeschmückten Fingern und voller hochtrabender Ideen helfen? Arbeitswilligen Arbeitern konnte er Arbeit in Hülle und Fülle anbieten, doch er wußte nicht, was er Männern, die sich zu gut fürs Arbeiten hielten, vorschlagen sollte. Aber er war es Arad Gula schuldig, etwas für seinen Enkel zu tun und nicht nur einen halbherzigen Versuch zu machen. Er und Arad Gula waren die Probleme immer entschlossen angegangen.

Blitzartig kam ihm eine Idee. Aber er hatte Zweifel, denn er mußte Rücksicht auf seine Familie und seine Stellung nehmen. Es würde grausam sein, würde weh tun. Da er aber ein Mann schneller Entschlüsse war, wischte er die Einwände beiseite und entschloß sich zu handeln.

»Würdest du gern wissen, wie dein ehenwerter Großvater und ich zu dieser Partnerschaft kamen, die sich als so einträglich erwies?« fragte er.

»Ja, warum nicht, erzähle mir ruhig, wie ihr die goldenen Schekel gemacht habt, denn das ist alles, was ich wissen muß«, erwiderte der junge Mann.

Sharru Nada ignorierte seine Bemerkung und fuhr fort: »Die Geschichte beginnt bei diesen pflügenden Männern. Ich war damals kaum älter als du. Als sich die Kolonne, in der ich marschierte, näherte, spottete der gute alte Megiddo, der Bauer, über die schlampige Art, in der sie pflügten. Meggido war neben mir angekettet. ›Schau dir nur die faulen Kerle an‹, schimpfte er, ›derjenige, der den Pflug führt, macht sich nicht die Mühe, tiefer zu pflügen, und den anderen Männern mit den Stöcken gelingt es nicht, die Ochsen in der Furche zu halten. Wie können sie erwarten, gutes Korn zu ernten, wenn das Feld nicht ordnungsgemäß gepflügt wird?‹«

»Hast du gesagt, Megiddo sei an dich angekettet gewesen?« fragte Hadan überrascht.

»Ja, wir waren mit Bronzeringen um unseren Hals und einer schweren Kette aneinandergekettet. Neben ihm ging Zabado, der Schafdieb, den ich in Harroun kennengelernt hatte, und den Schluß bildete ein Mann, den wir Pirat nannten, da er uns seinen Namen nicht verraten wollte. Wir vermuteten aber, daß er ein Seemann war, denn seine Brust war mit zwei verschlungenen Schlangen tätowiert, wie dies bei Seeleuten der Fall ist. Immer vier Männer gingen nebeneinander.«

»Du hast die Ketten des Sklaven getragen?« fragte Hadan Gula ungläubig.

»Hat dir etwa dein Großvater nicht berichtet, daß ich früher Sklave war?«

»Er hat oft von dir erzählt, aber darüber hat er keine Silbe verloren.«

»Er war ein Mann, dem man die größten Geheimnisse anvertrauen konnte. Auch du bist ein Mann, dem ich trauen kann, nicht wahr?« fragte Sharru Nada und blickte Hadan forschend an.

»Du kannst mit meiner Verschwiegenheit rechnen, aber ich bin erstaunt. Erzähl mir, wie du ein Sklave wurdest.«

Sharru Nada zuckte die Schultern. »Jeder Mann kann Sklave werden. Ein Spielhaus und Gerstenbier stürzten mich ins Unglück. Ich wurde das Opfer der Unbesonnenheit meines Bruders. Im Streit tötete er seinen Freund. Mein Vater, der unbedingt meinen Bruder davor bewahren wollte, von den Häschern des Gesetzes verfolgt zu werden, übergab mich der Witwe des Freundes als Leibeigenen. Als mein Vater das Silber nicht aufbringen konnte, um mich freizukaufen, veräußerte sie mich an den Sklavenhändler.«

»Was für eine Schande und Ungerechtigkeit!« protestierte Hadan Gula. »Aber sag, wie bist du wieder frei geworden?«

»Nur Geduld, wir kommen schon noch darauf. Aber laß mich der Reihe nach erzählen. Als wir vorüberzogen, verhöhnten uns die Männer am Pflug. Einer zog seinen zerlumpten Hut, verbeugte sich tief und rief: ›Willkommen in Babylon, ihr Gäste des Königs. Er erwartet euch auf den Stadtmauern, wo das Bankett für euch bereitet ist, Schlammziegel und Zwiebelsuppe.‹ Sie konnten sich nicht mehr halten vor Lachen.

Pirat wurde wütend und beschimpfte sie unflätig. ›Was meinen die Männer damit, der König erwarte uns auf den Mauern?‹ fragte ich ihn.

›Wir werden zur Stadtmauer gebracht, um Ziegel zu schleppen, bis wir zusammenbrechen. Vielleicht schlagen sie uns auch tot, bevor wir nicht mehr können. Mich aber nicht, denn vorher töte ich sie.‹

Dem widersprach Megiddo. ›Es ergibt keinen Sinn für mich, daß Herren hart arbeitende, willige Sklaven zu Tode prügeln, denn sie mögen fleißige Sklaven und behandeln sie gut.‹

›Wer will schon hart arbeiten?‹ bemerkte Zabado. ›Diese Männer dort sind schlau, sie schuften sich nicht zu Tode; sie tun nur so, als würden sie arbeiten.‹

›Drückeberger kommen nicht voran‹, protestierte Megiddo. ›Wenn man pro Tag einen Hektar pflügt, ist das ein gutes Tageswerk, und das weiß jeder Herr. Pflügt man aber nur die Hälfte, dann hat man sich um die Arbeit gedrückt. Ich drücke mich nicht um die Arbeit. Ich arbeite mit Freuden, verrichte gern gute Arbeit, denn sie ist der beste Freund, den ich je hatte. Dadurch habe ich mir all die schönen Dinge erworben, die ich besaß – meinen Bauernhof und meine Kühe, mein Korn, ja, alles.‹

›Ja, und wo ist das alles geblieben?‹ schnaubte Zabado

verächtlich. ›Ich glaube, es zahlt sich aus, schlau zu sein und ohne Arbeit durchzukommen. Wenn wir auf den Mauern arbeiten müssen, beobachte Zabado. Ich werde die Wassereimer tragen oder sonst eine leichte Arbeit verrichten, während du, der du ja so gerne arbeitest, dich mit den Ziegeln abschleppen und irgendwann zusammenbrechen wirst‹, bemerkte er hämisch.

In jener Nacht packte mich große Angst. Ich konnte kein Auge zutun. Dann, als die anderen schliefen, erregte ich die Aufmerksamkeit von Godoso, der die erste Wache hielt. Er war einer jener arabischen Straßenräuber und Schurken, die einem nicht nur die Börse entwenden, sondern gleich auch die Kehle aufschlitzen.

›Sag, Godoso‹, flüsterte ich, ›werden wir, wenn wir nach Babylon gelangen, auf die Mauern geschickt?‹

›Warum willst du das wissen?‹ fragte er argwöhnisch.

›Kannst du das nicht verstehen?‹ flehte ich. ›Ich bin jung und will leben. Ich will meine Gesundheit nicht mit Ziegelschleppen ruinieren oder zu Tode geprügelt werden. Habe ich Chancen, einen guten Herrn zu bekommen?‹

Er antwortete flüsternd: ›Da du ein guter Bursche bist und Godoso keinen Ärger gemacht hast, verrate ich dir folgendes: Meistens gehen wir zuerst zum Sklavenmarkt. Nun hör zu. Erkläre den Käufern, daß du fleißig arbeiten kannst und gerne für einen guten Herrn harte Arbeit verrichtest. Mach alles, was du kannst, damit sie dich kaufen wollen. Wenn es dir nicht gelingt, schleppst du am nächsten Tag Ziegel. Eine ausgesprochen mühsame Arbeit.‹

Danach entfernte er sich. Ich lag im warmen Sand, blickte zu den Sternen hoch, dachte über die Arbeit nach und überlegte, ob sie auch mein bester Freund werden würde, wie Megiddo erzählt hatte. Gewiß würde es so sein, wenn sie mich aus dieser mißlichen Lage befreien würde.

Als Megiddo erwachte, flüsterte ich ihm zu, was Godoso mir geraten hatte. Als wir auf Babylon zumarschierten, war dies unser einziger Hoffnungsschimmer. Am Spätnachmittag kamen wir den Mauern näher und sahen Männer wie schwarze Ameisen die steilen diagonalen Pfade hinauf- und hinuntersteigen. Wir waren erstaunt, hier Tausende von arbeitenden Männern zu sehen; einige gruben im Stadtgraben, andere formten den Schlamm zu Ziegeln. Unzählige Männer schleppten die Ziegel in großen Körben die steilen Wege zu den Maurern hoch.*

Aufseher beschimpften die Saumseligen und ließen ihre Peitschen auf die Rücken derjenigen knallen, die sich nicht in der Reihe hielten. Die ausgemergelten, erschöpften Männer konnten sich nicht mehr auf den Beinen halten und stürzten neben ihren schweren Körben zu Boden, unfähig, sich wieder zu erheben. Wenn die Peitsche nichts ausrichten konnte und sie ermattet liegenblieben, wurden sie zur Seite gestoßen, wo sie sich im Todeskampf wanden.

* Die berühmten Bauwerke der Stadt Babylon, ihre Mauern, Tempel, Hängenden Gärten und großen Kanäle, wurden von Sklaven gebaut, bei denen es sich meistens um Kriegsgefangene handelte, was ihre unmenschliche Behandlung erklärt. Die Arbeiter rekrutierten sich aber auch aus vielen Bürgern Babylons und seiner Provinzen, die aufgrund von Verbrechen oder finanziellen Schwierigkeiten als Sklaven verkauft worden waren. Es war allgemeiner Brauch unter den Männern, sich selbst, ihre Frauen oder Kinder als Sicherheit für die Begleichung von Darlehen, für die Vollstreckung von Urteilen oder andere Verpflichtungen als Sklaven anzubieten. Sie wurden als Sklaven verkauft, wenn sie ihre Versprechen nicht einhalten konnten.

Wenn sie tot waren, wurden sie zu den anderen Leichen neben der Straße gelegt, die anschließend an unheiligen Stätten begraben wurden. Dieser Anblick ließ mich erschauern. Das also erwartete mich, wenn mich auf dem Sklavenmarkt niemand kaufen wollte.

Godoso hatte recht gehabt. Wir wurden zuerst durch die Stadttore geführt und ins Sklavengefängnis gebracht. Am nächsten Morgen zogen wir zum Markt. Der Rest der Männer drängte sich hier ängstlich zusammen, und nur die Peitschen unserer Wachen konnten sie dazu bringen, sich nach allen Seiten zu drehen, damit die Käufer sie begutachten konnten. Megiddo und ich unterhielten uns eifrig mit jedem, der uns gestattete, das Wort an ihn zu richten.

Der Sklavenhändler brachte Soldaten der königlichen Wache herbei, die Pirat fesselten und ihn brutal zusammenschlugen, als er protestierte. Als sie ihn wegführten, empfand ich großes Mitleid mit ihm.

Meggido hatte das Gefühl, daß man uns bald kaufen würde. Als einmal keine Käufer in der Nähe waren, sprach er ernsthaft mit mir, um mir nochmals einzuprägen, wie wertvoll die Arbeit für mich sein würde. Er sagte: ›Einige Männer sehen in der Arbeit ihren Feind. Aber es ist besser, man betrachtet sie als Freund. Mach dir auch nichts daraus, wenn sie schwer ist. Wenn du dir vorstellst, was für ein schönes Haus du baust, spielt es ja keine Rolle, wenn die Balken schwer sind und der Weg zu dem Brunnen, an dem du das Wasser für den Zement holen mußt, weit ist. Versprich mir, Junge, wenn du einen Herrn bekommst, dann arbeite, so hart du kannst. Mach dir nichts daraus, wenn du kein Lob erhältst. Denk daran, ordentlich verrichtete Arbeit nutzt dir selber am meisten und macht dich zu einem besseren Mann.‹ Er schwieg, als ein stämmiger Bauer herantrat und uns kritisch musterte.

Megiddo erkundigte sich nach seinem Hof und seinen Getreideernten und überzeugte den Mann davon, daß er ihm von großem Nutzen sein könnte. Nach zähen Verhandlungen mit dem Sklavenhändler holte der Bauer eine prall gefüllte Geldbörse unter seinem Gewand hervor, und bald verschwand Megiddo mit seinem neuen Herrn.

Im Laufe des Morgens wurden noch ein paar weitere Männer verkauft. Gegen Mittag verriet mir Godoso, daß der Händler keine Lust hatte, noch eine weitere Nacht hier zu verbringen, und alle verbliebenen Sklaven bei Sonnenuntergang zum Käufer des Königs bringen würde. Ich schöpfte Hoffnung, als ein wohlbeleibter, gutmütig dreinblickender Mann sich erkundigte, ob ein Bäcker unter uns sei.

Ich ergriff das Wort und sagte: ›Warum sollte ein guter Bäcker wie du einen anderen weniger guten wollen? Wäre es nicht einfacher, du würdest einen willigen Mann wie mich in dein Handwerk einweisen? Schau mich an: Ich bin jung, stark und arbeitswillig. Gib mir eine Chance, und ich werde mich anstrengen, dir Gold- und Silberstücke einzubringen.‹

Er war beeindruckt von meiner Bereitschaft und fing an, mit dem Händler zu feilschen, der mich, seit er mich gekauft hatte, keines Blickes mehr gewürdigt hatte, jetzt aber in den höchsten Tönen meine Fähigkeiten, meine gute Gesundheit und mein freundliches Wesen anpries.

Ich fühlte mich wie ein Ochse, der an den Metzger verkauft wird. Schließlich wurde das Geschäft zu meiner großen Freude abgeschlossen. Ich folgte meinem neuen Herrn und hielt mich für den glücklichsten Mann von Babylon.

Mein neues Heim entsprach ganz meinem Geschmack. Nana-naid, mein Herr, lehrte mich, wie man die Gerste in der Steinschale im Hof zerkleinerte, wie man im Ofen Feuer machte und dann das Sesammehl ganz fein zermahlte, um daraus Honigkuchen zu backen. Ich hatte ein Lager im Getreidespeicher. Swasti, die alte Sklavin, die den Haushalt besorgte, gab mir genug zu essen und freute sich, weil ich ihr bei schweren Aufgaben zur Hand ging.

Hier bot sich mir die Chance, nach der ich mich gesehnt hatte, und ich hoffte, ich würde einen Weg finden, um meine Freiheit zu erlangen.

Ich bat Nana-naid, mir zu zeigen, wie man Brot knetete und buk. Er tat es bereitwillig und freute sich über mein Interesse. Später, als ich diese Fertigkeit gut beherrschte, bat ich ihn, mir beizubringen, wie man Honigkuchen herstellte, und bald konnte ich alles backen. Mein Herr war froh, daß er nichts tun mußte, aber Swasti schüttelte mißbilligend den Kopf. ›Es ist nicht gut für einen Mann, wenn er nicht arbeitet‹, erklärte sie.

Ich fand, es war an der Zeit, mir zu überlegen, wie ich Geld verdienen konnte, um meine Freiheit zu erkaufen. Da ich bis Mittag mit dem Backen fertig war, dachte ich, Nana-naid würde es gutheißen, wenn ich eine einträgliche Arbeit für den Nachmittag fände und vielleicht meinen Verdienst mit ihm teilte. Dann kam mir der Gedanke, ich könnte ja noch mehr Honigkuchen backen und sie den Leuten auf der Straße anbieten.

Ich trug Nana-naid meinen Plan folgendermaßen vor: ›Wenn ich die Nachmittage nach dem Backen dafür verwenden könnte, um Geld für dich zu verdienen, wäre es nur recht und billig, wenn du meinen Verdienst mit mir teilen würdest, damit ich Geld für die Dinge zur Verfügung habe, die jeder braucht und sich wünscht.‹

›Ja, das ist recht und billig‹, räumte er ein. Als ich ihm sagte, daß ich gern unsere Honigkuchen verkaufen würde, war er sehr angetan von dieser Idee. ›Wir werden es folgendermaßen anstellen‹, schlug er vor. ›Du verkaufst je zwei für einen Schekel, die Hälfte davon nehme ich für das Mehl und den Honig und das Holz zum Backen. Den Rest teilen wir uns.‹

Ich war über sein großzügiges Angebot, ein Viertel meines Verkaufs für mich behalten zu dürfen, begeistert. In dieser Nacht arbeitete ich hart und bereitete ein Serviertablett vor, auf dem ich die Honigkuchen anbieten konnte. Nana-naid schenkte mir eines seiner abgelegten Kleider, damit ich ordentlich aussah, und Swasti half mir, es zu waschen und zu flicken.

Am nächsten Tag buk ich eine Extraportion Honigkuchen. Sie sahen knusprig und verlockend aus. Ich ging mit dem Tablett durch die Straßen und pries meine Waren laut an. Anfangs schien mich niemand zu beachten, und mich verließ schon fast der Mut. Aber ich machte weiter, und im Laufe des Nachmittags, als die Leute Hunger bekamen, wurden die Kuchen gekauft, und bald war das Tablett leer. Nana-naid freute sich über meinen Erfolg und gab mir bereitwillig meinen Anteil. Es war ein gutes Gefühl, eigenes Geld zu besitzen. Megiddo hatte recht gehabt, als er sagte, ein Herr werde die gute Arbeit seiner Sklaven schätzen. Nachts konnte ich vor lauter Aufregung über meinen Erfolg kaum schlafen und rechnete aus, wieviel ich im Laufe eines Jahres verdienen konnte und wie viele Jahre ich benötigte, um mich freizukaufen.

Als ich meine Kuchen weiter täglich anbot, hatte ich bald Stammkunden. Einer davon war dein Großvater, der Teppichhändler Arad Gula. Er verkaufte seine Teppiche an Hausfrauen und ging dabei von einem Ende der Stadt zum anderen. Er hatte einen Esel, der mit den Teppichen beladen war, und einen Sklaven, der sich um das Tier kümmerte. Der Teppichhändler kaufte zwei Kuchen für sich und zwei für seinen Sklaven und unterhielt sich immer mit mir, bis sie die Kuchen verzehrt hatten.

Eines Tages sagte dein Großvater etwas zu mir, das ich nie vergessen werde. ›Ich mag deine Kuchen, Junge, aber noch mehr mag ich deinen Unternehmungsgeist, den du damit beweist. Eine solche Einstellung kann dich auf dem Weg zum Erfolg weit bringen.‹

Du kannst dir nicht vorstellen, Hadan Gula, was solche aufmunternden Worte für einen Sklavenjungen bedeuteten, der einsam in einer großen Stadt war und mit aller Kraft darum kämpfte, sich aus seiner demütigenden Lage zu befreien! Im Laufe der Monate füllte sich meine Geldbörse mit den Schekeln, die ich sparen konnte, und bekam allmählich ein erfreuliches Gewicht. Genau wie Megiddo gesagt hatte, erwies sich die Arbeit als mein bester Freund. Ich war glücklich, aber Swasti machte sich Sorgen.

›Dein Herr verbringt viel zu viel Zeit in den Spielhäusern‹, beklagte sie sich.

Eines Tages traf ich meinen Freund Megiddo auf der Straße und freute mich darüber. Er führte drei Esel, die mit Gemüse beladen waren, zum Markt. ›Es geht mir recht gut‹, sagte er. ›Mein Herr schätzt meine Arbeit, denn ich bin jetzt Aufseher. Schau, er schickt mich sogar zum Markt und läßt jetzt auch meine Familie kommen. Die Arbeit hilft mir, mich von meinem großen Kummer zu erholen. Eines Tages werde ich mich freikaufen können und mir wieder einen eigenen Bauernhof anschaffen.‹

Die Zeit verging, und Nana-naid wartete immer begieriger auf meine Rückkehr von meinem Kuchenverkauf, damit er das Geld zählen und es unter uns aufteilen konnte. Er drängte mich, meine Geschäfte zu erweitern, damit ich noch mehr Geld einnahm.

Oft begab ich mich vor die Stadtmauern, um die Aufseher über die Sklaven, die die Stadtmauern errichteten, anzusprechen. Ich haßte diese Umgebung, aber die Aufseher waren willige Käufer. Eines Tages entdeckte ich in der Schlange Zabado, der gerade seinen Korb mit Ziegeln füllte. Er war hager und gebückt, und sein Rücken war voller Striemen und Wunden von den Peitschen der Aufseher. Ich hatte Mitleid mit ihm und schenkte ihm ein Stück Kuchen, das er wie ein hungriges Tier hinunterschlang. Als ich seinen gierigen Blick sah, rannte ich davon, bevor er nach dem Tablett greifen konnte.

›Warum arbeitest du so hart?‹ sagte Arad Gula eines Tages zu mir. Es war fast die gleiche Frage, die du mir heute gestellt hast, erinnerst du dich? Ich berichtete ihm, was

Megiddo über die Arbeit gesagt und daß sie sich als mein bester Freund erwiesen hatte. Ich zeigte ihm voller Stolz meine Börse mit den Schekeln und erklärte ihm, wie ich sie sparte, um mir meine Freiheit zu erkaufen.

›Und was willst du anstellen, wenn du frei bist?‹ fragte er mich.

›Dann‹, so gab ich ihm zur Antwort, ›will ich Kaufmann werden.‹

Dann vertraute er mir etwas an, was ich nie vermutet hätte. ›Weißt du, ich bin auch ein Sklave, habe aber eine Partnerschaft mit meinem Herrn.‹«

»Halt«, befahl Hadan Gula. »Ich will keine Lügen hören, die meinen Großvater verunglimpfen. Er war kein Sklave.« Seine Augen funkelten vor Zorn.

Sharru Nada blieb ruhig. »Ich ehre ihn, weil er sein Unglück bezwungen hat und ein angesehener Bürger von Damaskus geworden ist. Bist du, sein Enkel, aus dem gleichen Holz geschnitzt? Bist du Manns genug, den Tatsachen ins Auge zu blicken, oder willst du dich lieber Illusionen hingeben?«

Hadan Gula richtete sich in seinem Sattel auf. Mit einer Stimme, die seine tiefe Bewegung verriet, erwiderte er: »Mein Großvater wurde von allen geliebt. Seine guten Taten waren unzählbar. Als die Hungersnot ausbrach, kaufte er mit seinem Gold Korn in Ägypten, das seine Karawane nach Damaskus brachte, wo es an die Bewohner verteilt wurde, damit niemand verhungern mußte. Und du behauptest, er sei nur ein verachteter Sklave in Babylon gewesen.«

»Wäre er in Babylon Sklave geblieben, wäre er wohl verachtet worden, aber als er aufgrund seiner Bemühungen in Damaskus ein großer Mann wurde, vergaben ihm die Götter sein Mißgeschick und erwiesen ihm Achtung«, erwiderte Sharru Nada.

»Nachdem er mir verraten hatte, daß er ein Sklave gewesen war«, fuhr Sharru Nada fort, »berichtete er mir, wie sehr er sich bemüht hatte, seine Freiheit zu erlangen. Aber dann, als er genug Geld besaß, sie zu erwerben, wußte er nicht, was er tun sollte. Seine Verkäufe liefen nicht mehr gut, und er befürchtete, daß er die Unterstützung seines Herrn einbüßen würde.

Ich schimpfte ihn wegen seiner Unentschlossenheit: ›Klammere dich nicht länger an deinen Herrn, sondern versuche, wieder ein freier Mann zu werden. Handle wie ein freier Mann, und du wirst den entsprechenden Erfolg haben. Entscheide dich, was du erreichen willst, und dann hilft dir die Arbeit, es zu erlangen!‹ Er machte sich wieder auf den Weg und sagte, er sei mir dankbar, daß ich ihm seine Feigheit vor Augen gehalten habe.*

Eines Tages ging ich wieder einmal vor die Tore und wunderte mich, weil sich eine große Menge hier versammelt hatte. Als ich einen Mann um eine Erklärung bat, erwiderte dieser: ›Hast du es denn nicht gehört? Ein entflohener Sklave, der eine der königlichen Wachen ermordet

---

* Auch wenn sie uns widersinnig erscheinen mögen, waren die Sklavenbräuche im alten Babylon streng gesetzlich. Zum Beispiel konnte ein Sklave Eigentum jeder Art besitzen, sogar andere Sklaven, auf die sein Herr keinen Anspruch hatte. Sklaven heirateten auch Nicht-Sklaven. Kinder oder freie Mütter waren frei. Die meisten Kaufleute der Stadt waren Sklaven. Viele von ihnen gingen Partnerschaften mit ihrem Herrn ein und schufen sich eigenen Wohlstand.

hat, wurde abgeurteilt und wird heute wegen seines Ver-
brechens zu Tode geprügelt werden. Der König höchst-
persönlich wird anwesend sein.‹

Um den Pfahl, an den der Mann gebunden werden sollte, hatten sich so viele Menschen gedrängt, daß ich es nicht
wagte, näher zu kommen, aus Angst, mein Tablett mit Honigkuchen würde Schaden erleiden. Deshalb kletterte ich
die halbfertige Mauer hinauf, um über die Köpfe der Menschen blicken zu können. Von meinem Posten aus sah ich,
wie Nebukadnezar in seinem goldenen Wagen vorbeifuhr.
Noch nie zuvor hatte ich solchen Prunk, solche kostbaren
Gewänder und Vorhänge aus Gold- und Samtstoff gesehen.

Zum Glück bekam ich nicht mit, wie der arme Sklave
zu Tode geprügelt wurde, aber ich hörte seine Schreie. Ich
überlegte, wie eine so hochgestellte Persönlichkeit wie unser guter König es ertragen konnte, einen Mann so leiden
zu sehen, aber als ich sah, wie er mit seinen Edelleuten
scherzte und lachte, erkannte ich, daß er grausam war, und
verstand, weshalb die Sklaven, die die Mauer bauten, so
unmenschlich behandelt wurden.

Als der Sklave tot war, wurde seine Leiche mit einem
Seil an einen Pfahl gebunden, damit ihn alle sehen konnten. Als sich die Menge zerstreute, näherte ich mich dem
Toten. Auf der haarigen Brust entdeckte ich eine Tätowie-
rung – zwei verschlungene Schlangen. Der Tote war Pirat.

Als ich Arad Gula wiedertraf, war er wie verwandelt, begrüßte mich voller Überschwang. ›Hör zu, der Sklave, den
du gekannt hast, ist jetzt ein freier Mann. Deine Worte
wirkten wie ein Zauber. Meine Verkäufe und meine Er-

träge vermehren sich bereits, und meine Frau ist über-glücklich. Sie ist die Nichte meines Herrn und war eine freie Frau. Sie wünscht sich, daß wir in eine fremde Stadt ziehen, wo niemand weiß, daß ich einst ein Sklave war, und unseren Kindern das Mißgeschick ihres Vaters nicht vorgeworfen werden kann. Die Arbeit hat sich als mein be-ster Helfer erwiesen, denn sie hat mir meine Selbstachtung und mein Verkaufstalent zurückgegeben.‹

Ich war sehr froh, daß ich die Aufmunterung, die er mir hatte zuteil werden lassen, wenigstens im kleinen hatte vergelten können.

Eines Abends suchte mich Swasti auf und beichtete mir ihren Kummer: ›Dein Herr steckt in Schwierigkeiten, ich habe Angst um ihn. Vor ein paar Monaten hat er viel Geld am Spieltisch verloren. Er schuldet dem Bauern Geld für das Getreide und den Honig, hat auch Schulden beim Geldverleiher. Seine Gläubiger sind verärgert und drohen ihm.‹

›Warum sollen wir uns wegen seiner Dummheit Sorgen machen? Wir sind ja nicht seine Wächter‹, erwiderte ich gedankenlos.

›Du dummer Junge, du verstehst gar nichts. Er hat dem Geldverleiher deinen Titel als Sicherheit für das Darlehen abgetreten, und dieser kann somit rechtmäßig Anspruch auf dich erheben und dich verkaufen. Ich weiß nicht mehr ein und aus. Dabei ist er ein guter Herr. Warum nur steckt er in solchen Schwierigkeiten?‹

Swastis Sorgen waren keineswegs unberechtigt. Als ich am nächsten Morgen mit Backen beschäftigt war, erschien der Geldverleiher mit einem Mann namens Sasi. Dieser musterte mich von oben bis unten und sagte, ich würde ihm gefallen. Der Geldverleiher wartete nicht bis zur Rückkehr meines Herrn, sondern trug Swasti auf, sie solle diesem sagen, er habe mich mitgenommen. Ich wurde lediglich mit dem, was ich am Leibe trug, und meiner Börse, die an meinem Gürtel baumelte, vom Backofen weggeführt.

Meine kühnsten Hoffnungen wurden mir so schnell entrissen, wie der Sturmwind den Baum entwurzelt und in die wogende See schleudert. Erneut hatten mich ein Spielhaus und Gerstenbier ins Unglück gestürzt.

Sasi war ein ungeschliffener, bärbeißiger Mann. Als er mich durch die Stadt führte, erzählte ich ihm von der guten Arbeit, die ich für Nana-naid geleistet hatte, und sagte, ich hoffe, ich könne auch ihm von Nutzen sein. Seine Erwiderung war nicht gerade aufmunternd:

›Ich mag diese Arbeit nicht, mein Herr auch nicht. Der König hat ihm befohlen, mich zu den Arbeiten am Großen Kanal zu schicken. Der Herr hat zu Sasi gesagt, er soll mehr Sklaven kaufen, hart arbeiten und schnell fertig werden. Bah, wie kann man eine große Aufgabe schnell erledigen?‹

Stell dir eine baumlose Wüste mit niedrigen Büschen und einer sengenden Sonne vor, die das Land dermaßen aufheizt, daß das Wasser in unseren Fässern so heiß war, daß wir es kaum trinken konnten. Dann stell dir viele Männer vor, die in die Baugrube hinuntersteigen und von früh bis spät schwere Körbe voller Morast hochhieven und über weiche, staubige Wege schleppen. Essen gab es in Trögen, und wir verschlangen es wie die Schweine. Wir hatten weder Zelte noch Stroh für ein Lager. So also war meine augenblickliche Lage. Ich vergrub meine Geldbörse an einem bestimmten Platz und bezweifelte, ob ich sie je wieder ausgraben würde.

Anfangs arbeitete ich voll des guten Willens, aber im Laufe der Monate verließ mich mein Elan. Dann packte mich das Hitzefieber. Ich hatte keinen Appetit mehr und brachte kaum das Hammelfleisch und das Gemüse hinunter. Nachts wälzte ich mich verzweifelt hin und her.

In meinem Elend fragte ich mich, ob Zabado es nicht klüger angestellt hatte, sich zu drücken und dadurch der Gefahr zu entgehen, daß ihm durch Arbeit der Rücken kaputtging. Dann erinnerte ich mich an unsere letzte Begegnung, und ich erkannte, daß sein Plan nicht gut war.

Ich dachte an Pirat und seine Bitterkeit und überlegte, ob es eventuell richtig wäre, zu kämpfen und zu töten. Aber die Erinnerung an seinen blutenden Körper bewies mir, daß sein Plan ebenfalls untauglich war.

Dann dachte ich an mein letztes Gespräch mit Megiddo. Seine Hände hatten Schwielen von der harten Arbeit, aber sein Geist war unbeschwert, und seine Miene wirkte glücklich. Sein Plan war der beste.

Aber ich war genauso arbeitswillig wie Megiddo; er konnte bestimmt nicht härter arbeiten als ich. Warum nur brachte meine Arbeit mir weder Glück noch Erfolg? Machte die Arbeit Megiddo glücklich, oder lagen das Glück und der Erfolg lediglich im Schoß der Götter? Sollte ich den Rest meines Lebens arbeiten, ohne daß sich meine Wünsche erfüllten, ohne Glück und Erfolg? All diese Fragen gingen mir durch den Kopf, und ich fand keine Antwort, ja war sogar höchst verwirrt.

Einige Tage später, als ich den Eindruck hatte, am Ende meiner Kräfte zu sein, und noch immer keine Antwort auf meine Fragen hatte, schickte Sasi nach mir. Ein Bote meines Herrn war eingetroffen, um mich zurück nach Babylon zu holen. Ich grub meine kostbare Börse aus, wickelte mich in die zerlumpten Reste meiner Kleidung und setzte mich hinter den Boten aufs Pferd. Als wir dahinritten, wirbelten die Gedanken in meinem fiebrigen Gehirn, und die eigentümlichen Worte eines Liedes aus meiner Geburtsstadt Harroun kamen mir in den Sinn:

Ein Mann wird wie ein Wirbelwind erfaßt,
der ihn wie ein Sturm mit sich reißt,
dessen Verlauf niemand folgen kann,
dessen Schicksal niemand voraussagen kann.

War es mein Schicksal, für was weiß ich bestraft zu werden? Welch neues Elend und welche Enttäuschungen erwarteten mich?

Als wir in den Hof meines Herrn ritten, stellte ich voller Verblüffung fest, daß Arad Gula mich erwartete. Er half mir vom Pferd und umarmte mich wie einen lange vermißten Bruder. Als wir auf das Haus zugingen, wollte ich wie ein Sklave hinter ihm hergehen, aber er ließ es nicht zu. Er legte den Arm um mich und sagte: ›Ich habe überall nach dir gesucht. Als ich die Hoffnung fast aufgegeben hatte, traf ich Swasti, die mir von dem Geldverleiher berichtete, der mich dann zu deinem Besitzer führte. Er feilschte zäh mit mir, und ich mußte einen Wahnsinnspreis für dich bezahlen, aber du bist es wert, denn deine Philo-

194

sophie und dein Unternehmungsgeist haben mich zu diesem neuen Erfolg inspiriert.‹

›Es ist Megiddos Philosophie, nicht meine‹, berichtigte ich ihn.

›Megiddos und deine. Dank euch beiden gehen wir nach Damaskus, und ich brauche dich als Partner. Schau‹, rief er, ›gleich bist du ein freier Mann‹, und zog unter seinem Gewand die Tontafel hervor, die meinen Titel trug. Er hob sie hoch und warf sie auf die Pflastersteine, auf der sie in tausend Stücke zersprang. Dann trampelte er darauf herum, bis die Tontafel nur noch Staub war.

Meine Augen füllten sich mit Tränen der Dankbarkeit. Ich wußte, ich war der glücklichste Mann von Babylon.

Wie du siehst, erwies sich die Arbeit in der Zeit meiner größten Verzweiflung als mein bester Freund. Meine Bereitschaft zu arbeiten verhinderte, daß ich verkauft und zu den Sklaven auf den Mauern abgestellt wurde. Dies beeindruckte auch deinen Großvater, der mich als seinen Partner wählte.«

Daraufhin fragte Hadan Gula: »War die Arbeit das Geheimnis für seinen Reichtum?«

»Als ich ihn kennenlernte, besaß er nichts außer der Arbeit«, erwiderte Sharru Nada. »Dein Großvater liebte die Arbeit. Die Götter würdigten seine Anstrengungen und belohnten ihn großzügig.«

»Ich fange an zu begreifen«, meinte Hadan Gula nachdenklich. »Die Arbeit zog seine vielen Freunde an, die seinen Fleiß bewunderten und den Erfolg, den er einbrachte. Die Arbeit brachte ihm die Ehren ein, die er in Damaskus in so hohem Maße genoß. Die Arbeit ermöglichte ihm auch, in den Besitz all der Dinge zu gelangen, die ich so erstrebenswert fand. Und dabei hatte ich angenommen, Arbeit sei nur etwas für Sklaven.«

»Das Leben bietet den Menschen viele Freuden«, meinte Sharru Nada. »Jeder Mensch hat seinen Platz. Ich bin froh, daß die Arbeit nicht den Sklaven vorbehalten ist. Wäre dies der Fall, müßte ich auf mein größtes Vergnügen verzichten. Ich freue mich an vielen Dingen, aber an nichts so sehr wie an der Arbeit.«

Sharru Nada und Hadan Gula ritten im Schatten der hohen Mauern bis zu den massiven Bronzetoren von Babylon. Als sie sich diesen näherten, sprangen die Wachen hoch und grüßten den angesehenen Bürger voller Ehrerbietung. Sharru Nada führte die lange Karawane hocherhobenen Hauptes durch die Tore und hinauf zu den Straßen der Stadt.

»Ich wollte immer so sein wie mein Großvater«, vertraute ihm Hadan Gula an. »Aber ich wußte nicht, was für eine Art Mann er war. Du hast es mir gezeigt. Da ich jetzt alles weiß und verstehe, bewundere ich ihn nur noch mehr und bin noch entschlossener, so zu werden wie er. Ich fürchte, ich werde es dir nie vergelten können, daß du mir die Augen über seinen Erfolg geöffnet hast. Von heute an folge ich seinem Vorbild, fange genauso bescheiden an wie er, was meiner derzeitigen Lage sowieso angemessener ist als Juwelen und kostbare Gewänder.«

Nach diesen Worten entledigte sich Hadan Gula seiner Ohr- und Fingerringe. Dann griff er nach den Zügeln und ritt voll tiefer Ehrerbietung hinter dem Karawanenführer her.

Eine kurze Darstellung der Geschichte Babylons

In der Geschichtsschreibung gibt es keine glanzvollere Stadt als Babylon. Allein der Name beschwört die Vorstellung von Wohlstand und Prunk herauf. Seine Reichtümer an Gold und Juwelen waren sagenhaft. Man könnte annehmen, eine solch wohlhabende Stadt befinde sich inmitten von Wäldern und Bergwerken. Aber das war nicht der Fall. Babylon lag am Fluß Euphrat, in ein flaches, trockenes Tal eingebettet. Hier gab es weder Wälder noch Bergwerke – nicht einmal Steine für die Häuser. Erschwerend kam hinzu, daß die Stadt an keiner Handelsstraße lag. Außerdem fiel nicht genug Regen, um Getreide anzubauen.

Die Stadt Babylon stellt ein hervorragendes Beispiel dar, wie durch den Einsatz aller zur Verfügung stehenden Mittel und menschlichen Fähigkeiten große Ziele erreicht werden können. Alles, was zum Florieren dieser großen Stadt erforderlich war, entstand durch die Geschicklichkeit der Menschen – und das Resultat dieser konzentrierten Bemühungen war Babylons unermeßlicher Reichtum.

Babylon verfügte über zwei natürliche Rohstoffe – fruchtbaren Boden und Wasser. Die Ingenieure Babylons vollbrachten eines der größten Werke der Ingenieurkunst aller Zeiten, indem sie das Wasser des Flusses mit Hilfe von Dämmen und riesigen Bewässerungskanälen ableiteten und den Boden des trockenen Tals bewässerten. Diese Kanäle bildeten eines der ersten Glanzstücke des Ingenieurwesens in der Geschichte. Dank dieses Bewässerungssystems erfreute sich Babylon ungewöhnlich üppiger Getreideernten.

Die Stadt wurde im Laufe ihres langen Bestehens von mehreren Königsgeschlechtern regiert, für die Eroberung und Plünderung eher zweitrangig waren. Babylon war trotzdem in viele Kriege verwickelt; bei den meisten handelte es sich jedoch um Bürger- oder Abwehrkriege gegen ehrgeizige Eindringlinge aus anderen Ländern, die nach den sagenhaften Schätzen Babylons trachteten.

Die herausragenden Herrscher Babylons sind wegen ihrer Weisheit, ihres Unternehmungsgeistes und ihres Gerechtigkeitssinns in die Geschichte eingegangen. Babylon brachte keine prahlerischen Monarchen hervor, die versuchten, die Welt zu erobern, damit alle Nationen ihrem Geltungsbedürfnis schmeichelten.

Heute ist die Stadt Babylon ausgelöscht. Als es die mit Tatkraft erfüllten Menschen, die die Stadt aufbauten und Tausende von Jahren am Leben hielten, nicht mehr gab, wurde sie bald zu einem verlassenen Ruinenfeld. Diese asiatische Stadt befindet sich gut 900 Kilometer östlich des Suezkanals und nördlich des Persischen Golfs. Sie liegt etwa auf dem 30. nördlichen Breitengrad.

Etwa seit Beginn des Christentums ist dieses Tal des Euphrat, einst ein dicht besiedeltes, bewässertes Agrargebiet, wieder eine trockene Ebene, über die der Wind hinwegfegt. Kärgliches Gras und Wüstensträucher versuchen, sich gegen den vom Wind aufgewirbelten Sand zu behaupten. Es gibt keine fruchtbaren Felder mehr, keine riesigen Städte oder langen Handelskarawanen. Die einzigen Bewohner sind arabische Nomaden, die sich mit ihren kleinen Herden kaum über Wasser halten können.

Über das Tal verstreut findet man Erdhügel, zumindest wurden sie jahrhundertelang von Reisenden als solche angesehen. Irgendwann wurden die Archäologen auf sie aufmerksam, als sie Fragmente von Tonwaren und Ziegelsteinen entdeckten, die von den Regengüssen heruntergeschwemmt worden waren. Europäische und amerikanische Museen finanzierten Ausgrabungen an diesen Stätten, und bald stellte man fest, daß diese Hügel alte Städte darstellten, genauer gesagt Stadtgräber.

Eines davon war Babylon, eine Stadt, die etwa zwanzig Jahrhunderte lang unter dem Wüstensand lag. Ihre Mauern waren einst aus Ziegeln errichtet worden, aber mit der Zeit verfallen, das heißt, sie hatten sich wieder in Erde aufgelöst. Heute ist die reiche Stadt Babylon ein Ruinenfeld. Erst indem man behutsam den jahrhundertealten Schutt von den Straßen und den Ruinen der prächtigen Tempel und Paläste entfernt hatte, beförderte man sie ans Tageslicht.

Viele Wissenschaftler betrachten die Zivilisation Babylons und anderer Städte in diesem Tal als die älteste eindeutig belegte. Manche Spuren reichen bis in die Zeit vor 8000 Jahren zurück. Interessant dabei sind die Mittel, anhand deren man diese Daten bestimmte. Zum Beispiel wurden in den Ruinen die Beschreibungen einer Sonnenfinsternis entdeckt. Moderne Astronomen berechneten die Zeit dieser in Babylon festgestellten Sonnenfinsternis und stellten dadurch die Verbindung zwischen ihrem Kalender und unserem eigenen her.

Auf diese Weise konnte bewiesen werden, daß die Sumerer, die vor 8000 Jahren Babylon bevölkerten, in befestigten Städten lebten. Man kann nur mutmaßen, seit wie vielen Jahrhunderten diese Städte bereits existierten, deren Bewohner keine Barbaren waren, sondern gebildete, aufgeklärte Menschen. Wie die Geschichtsschreibung dokumentiert, brachten sie die ersten Ingenieure hervor, die ersten Astronomen, die ersten Mathematiker, die ersten Finanziers, und sie waren auch die ersten Menschen, die eine geschriebene Sprache kannten.

Das Bewässerungssystem wurde bereits erwähnt, das das trockene Tal in ein landwirtschaftliches Paradies verwandelte. Die Überreste dieser Kanäle können noch besichtigt werden, obwohl sie heute meistens mit Sand gefüllt sind. Einige davon waren so breit, daß ein Dutzend Pferde durchreiten konnten, sofern die Kanäle kein Wasser führten.

Die Ingenieure Babylons verwirklichten neben der Bewässerung des Tals noch ein weiteres Projekt, das nicht weniger großartig war. Mittels eines ausgefeilten Entwässerungssystems machten sie ein riesiges Sumpfland an den Mündungen von Euphrat und Tigris urbar.

Herodot, der griechische Reisende und Geschichtsschreiber, besuchte Babylon, als die Stadt noch in vollem Glanz prangte, und überlieferte uns die einzige bekannte Beschreibung durch einen Fremden. Er gibt eine anschauliche Darstellung der Stadt und beschreibt einige der ungewöhnlichen Bräuche ihrer Bewohner, erwähnt auch die bemerkenswerte Fruchtbarkeit des Bodens und die reichen Weizen- und Gerstenernten.

Der Ruhm der Stadt Babylon ist verblaßt, aber ihr Wissen wurde überliefert. Es gab zu jener Zeit noch kein Papier, statt dessen ritzten die Babylonier ihre Aufzeichnungen auf feuchte Tontafeln. Wenn diese fertig beschrieben waren, wurden sie gebrannt. Sie maßen ungefähr 15 x 20 cm und waren 2,54 cm dick.

Diese Tontafeln dienten demselben Zweck wie unsere modernen Aufzeichnungen. Es wurden Legenden, Gedichte, Geschichten, Abschriften königlicher Erlässe, Landesgesetze, Eigentumstitel, Schuldscheine und sogar Briefe, die von Boten in ferne Städte gebracht wurden, darauf eingraviert. Sie gewähren uns Einblick in das Privatleben der Menschen. Zum Beispiel berichtet eine Tafel, die offensichtlich aus den Unterlagen eines Ladenbesitzers auf dem Land stammt, daß an einem bestimmten Datum ein gewisser Kunde, der namentlich genannt wurde, eine Kuh brachte und sie gegen sieben Säcke Weizen eintauschte. Drei davon sollten sofort geliefert werden und die anderen vier nach Belieben des Kunden.

Die Archäologen haben unter den Ruinenstädten ganze Büchereien mit diesen Tafeln entdeckt, Hundertausende solcher Tafeln.

Eines der überragenden Wunder von Babylon waren die riesigen Stadtmauern. Sie wurden in der Antike, zusammen mit den Pyramiden Ägyptens, zu den »Sieben Weltwundern« gezählt. Königin Semiramis ließ in der Frühgeschichte der Stadt die ersten Mauern errichten. Moderne Archäologen konnten allerdings keine Spuren dieser ursprünglichen Mauern finden, deren genaue Höhe nicht bekannt ist. Aus Erwähnungen früher Schriftsteller schätzte man sie auf etwa 15 bis 18 Meter. An der Außenseite waren sie mit gebrannten Ziegeln eingefaßt und durch einen tiefen Wassergraben geschützt.

Die späteren, berühmteren Mauern wurden etwa 600 Jahre vor Christi Geburt von König Nabopolassar in Angriff genommen. Er plante ihren Wiederaufbau in einem gigantischen Ausmaß, aber er lebte nicht lange genug, um das Ende seines Werks zu erleben, das von seinem Sohn Nebukadnezar, dessen Name uns aus der biblischen Geschichte vertraut ist, vollendet wurde.

Die Höhe und Länge dieser Mauern war unglaublich. Nach verläßlichen Quellenangaben sollen sie etwa 48 Meter hoch gewesen sein, also so groß wie ein modernes, fünfzehn Stockwerke hohes Bürogebäude. Ihre Gesamtlänge schätzt man auf 17 bis 19 Kilometer. Der obere Teil war so breit, daß ein Wagen mit sechs Pferden darüber fahren konnte. Heute ist nichts mehr davon vorhanden, nur noch Teile des Fundaments und der Graben. Neben den Naturelementen haben auch die Araber, die die Ziegel für den Häuserbau in alle möglichen Himmelsrichtungen davontrugen, zur Verwüstung der Mauern beigetragen.

Die Heere fast jedes Eroberers jener Zeit erprobten sich an den Mauern von Babylon. Eine Vielzahl von Königen belagerte Babylon, stets aber ohne Erfolg.

Die einfallenden Armeen jener Zeit umfaßten, laut Historikern, 10 000 Reiter, 25 000 Wagen, 1200 Regimenter Fußsoldaten mit jeweils 1000 Mann. Oft waren zwei bis drei Jahre Vorbereitung erforderlich, um Kriegsmaterial und Proviant entlang der vorgesehenen Marschlinie aufzubringen.

Die Stadt Babylon war ähnlich wie eine moderne Stadt organisiert. Es gab Straßen und Geschäfte, und fliegende Händler boten ihre Waren in den Wohngegenden an. Die Priester hielten ihre Gottesdienste in den Tempeln ab. Innerhalb der Stadt gab es eine innere Einfriedung für die königlichen Paläste, deren Mauern höher als die Stadtmauern gewesen sein sollen.

Die Babylonier waren künstlerisch begabt; sie taten sich hervor in der Bildhauerei, der Malerei und Weberei, der Goldschmiedearbeit und der Herstellung von Metallwaffen und landwirtschaftlichen Geräten. Ihre Juweliere entwarfen erlesene Schmuckstücke, von denen viele in den Gräbern der wohlhabenden Bürger zutage gefördert wurden und jetzt in den führenden Museen der Welt bewundert werden können.

Zu einer Zeit, als die übrige Welt Bäume noch mit Steinäxten fällte oder mit Speeren und Pfeilen mit Flintsteinspitzen auf die Jagd ging und in den Kampf zog, benutzten die Babylonier bereits Äxte, Speere und Pfeile mit Metallspitzen.

Sie waren auch geschickte Finanziers und Kaufleute und, soweit wir wissen, die eigentlichen Erfinder des Geldes, der Schuldscheine und schriftlichen Eigentumstitel.

Bis etwa 540 vor Christi Geburt wurde Babylon niemals von feindlichen Heeren bezwungen. Auch später erwiesen sich die Mauern als uneinnehmbar. Die Geschichte vom Niedergang Babylons ist höchst ungewöhnlich. Cyrus, einer der großen Eroberer jener Zeit, beabsichtigte, die Stadt anzugreifen, und hoffte, die unbezwinglichen Mauern einnehmen zu können. Die Ratgeber von Nabonidus, dem König von Babylon, überredeten diesen, Cyrus entgegenzutreten und den Kampf zu beginnen, ohne abzuwarten, bis die Stadt attackiert werde. Nachdem die babylonische Armee besiegt war, floh sie, und Cyrus zog in die Stadt, die keinen Widerstand leistete, und nahm sie ein.

Danach verlor Babylon allmählich immer mehr an Macht und Ansehen, bis die Stadt im Laufe einiger hundert Jahre schließlich einsam und verlassen dalag, den Winden und Stürmen ausgesetzt, und sich allmählich in Wüstensand auflöste, aus dem sie ursprünglich errichtet worden war. Die Stadt Babylon war für immer zerstört, aber ihre Zivilisation überlebte.

Die Zeit ließ die stolzen Mauern seiner Tempel in Staub zerfallen, aber die Weisheit Babylons wird noch heute vielgepriesen.